Q青少年求知文库
QingShaoNian QiuZhiWenKu

珍爱生命每一天

崔丽娜 刘 学 编

吉林人民出版社

图书在版编目（ＣＩＰ）数据

珍爱生命每一天 / 崔丽娜, 刘学编. — 长春 : 吉
林人民出版社, 2010.7（2021.3重印）
（青少年求知文库）
ISBN 978-7-206-06877-5

Ⅰ.①珍… Ⅱ.①崔… ②刘… Ⅲ.①生命哲学—青
少年读物 Ⅳ.①B083-49

中国版本图书馆CIP数据核字(2010)第120460号

珍爱生命每一天

编　　者：崔丽娜　刘 学
责任编辑：郭　威
吉林人民出版社出版（长春市人民大街7548号　邮政编码:130022）
印　刷：三河市燕春印务有限公司
开　本：700mm×970mm　　1/16
印　张：13　　　　字数：110千字
标准书号：ISBN 978-7-206-06877-5
版　次：2010年7月第1版　　印　次：2021年3月第2次印刷
定　价：39.00元

目 录

002

003

004

生命如歌

◎ 艾明波

　　我们，生活在这阳光地带，生活在这个温暖的世界，我知道：我们都是生命的使者也是生命的过客，生命是一个过程，生命是岁月的一个章节，生命只属于我们一次，生命在给我们幸福时刻的同时也给了我们悲哀的时刻。

　　生命不会给我们任何承诺，生命只给我们一次机会：那就是创造与开拓或者是浑浑噩噩，关键是看我们怎么去活着，怎么去把生命好好把握。

　　我们从另一个世界走来，迎接我们的或许是有太阳的白天或许是有月亮的黑夜，无论白天或黑夜，我们睁开眼睛就会感到人世间的温暖，我们都会在父母的怀中享受到一种博大的关怀和无与伦比的亲亲热热。虽然，我们给这陌生的世界的第一个声音是哭声而不是音乐；虽然，我们是在母亲的痛苦中降临

的，甚至是伴着母亲的泪水和鲜血，但是，父辈们是幸福的，因为，我们延续了他们的生命，我们是他们含泪的骄傲，是他们事业的承接。于是，我们踏着父辈的足迹，接近生命的另一个高度；于是，我们用他们所给予我们的力量，在他们没有走过的路途中走过。所以，从这个意义上说，生命又不仅仅是我们自己的，她盈满人间的热望也装满前辈的嘱托。

这样，我们从拥有生命的那一刻开始，我们的背上就驮着一种使命，我们的身上就跳动着强劲的脉搏。是啊，我们从父母那里得到了血液，得到了骨骼，我们又从太阳和月亮的下面得到了温暖和光泽，我们无法不去用自己的热能点亮期望的目光，无法不用人间赐予我们的一切去燃起希望之火。

也许父母在给了我们生命之后，没有更多的给我们什么；也许生活并不是像人们期望的那样没有坎坷只拥有欢乐，但是，只要我们一息尚存，就毫无理由让自己的身后只生长悲哀而没有收获。我们要用自己的灵魂去支撑生命，我们要用自己的目光去发现我们的前方是高山还是沟壑。

活着，是生命的一种形式，创造才是对生命的一种注解，因为生命无法承受之轻，因为生命拒绝接受堕落。

人生短暂，瞬间即过，拥有生命是最大的幸福！最大的快乐！那么，就让我们带着生命上路吧，让自我去擦亮别人目光的同时，也活出一个最好的自我。

生命如诗，生命如歌。

生命的化妆

◙ 林清玄

　　我认识一位化妆师。她是真正懂得化妆，而又以化妆闻名的。

　　对于这生活在与我完全不同领域的人，我增添了几分好奇，因为在我的印象里，化妆再有学问，也只是在皮相上用功，实在不是有智慧的人所应追求的。

　　因此，我忍不住问她："你研究化妆这么多年，到底什么样的人才算会化妆？化妆的最高境界到底是什么？"

　　对于这样的问题，这位年华已逐渐老去的化妆师露出一个深深的微笑。她说："化妆的最高境界可以用两个字形容，就是'自然'，最高明的化妆术，是经过非常考究的化妆，让人家看起来好像没有化过妆一样，并且这化出来的妆与主人的身份匹配，能自然表现那个人的个性与气质。次级的化妆是把人

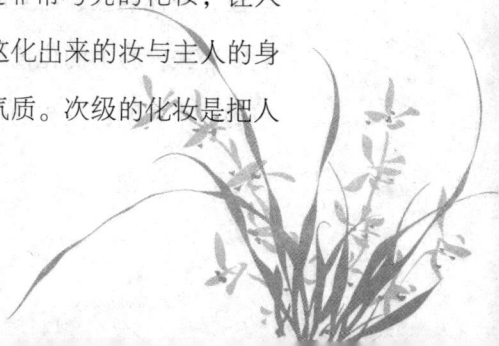

突显出来，让她醒目，引起众人的注意。拙劣的化妆是一站出来别人就发现她化了很浓的妆，而这层妆是为了掩盖自己的缺点或年龄的。最坏的一种化妆，是化过妆以后扭曲了自己的个性，又失去了五官的协调，例如小眼睛的人竟化了浓眉，大脸蛋儿的人竟化了白脸，阔嘴的人竟化了红唇……"

没想到，化妆的最高境界竟是无妆，竟是自然，这可使我刮目相看了。

化妆师看我听得出神，继续说："这不就像你们写文章一样？拙劣的文章常常是词句的堆砌，扭曲了作者的个性。好一点儿的文章是光芒四射，吸引人的视线，但别人知道你是在写文章。最好的文章，是作家自然地流露，他不堆砌，读的时候不觉得是在读文章，而是在读一个生命。

多么有智慧的人呀？可是，"到底做化妆的人只是在表皮上做功夫！"我感叹地说。

"不对的，"化妆师说，"化妆只是最末的一个枝节，它能改变的事实很少。深一层的化妆是改变体质，让一个人改变生活方式，睡眠充足、注意运动与营养，这样她的皮肤改善、精神充足，比化妆有效得多。再深一层的化妆是改变气质，多读书、多欣赏艺术、多思考、对生活乐观、对生命有信心、心地善良、关怀别人、自爱而有尊严，这样的人就是不化妆也丑不到哪里去，脸上的化妆只是化妆最后的一件小事。我用三句简单的话来说明：三流的化妆是脸上的化妆，二流的化妆是精神

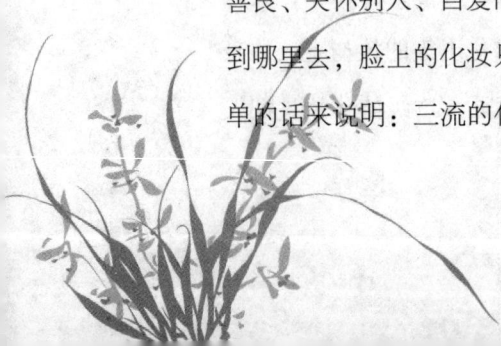

的化妆，一流的化妆是生命的化妆。"

化妆师接着做了这样的结论："你们写文章的人不也是化妆师吗？三流的文章是文字的化妆，二流的文章是精神的化妆，一流的化妆是生命的化妆。这样，你懂化妆了吗?"

我为了这位女性化妆师的智慧而起立向她致敬，并深为我最初对化妆的观点感到惭愧。

告别了化妆师，回家的路上，我有了这样深刻的体悟：在这个世界，一切的表相都不是独立自存的，一定有它深刻的内在意义，那么，改变表相最好的方法，不是在表相下功夫，一定要从内在里改革。可惜，在表相上用功的人往往不明白这个道理。

生命的药方

◙ 佚 名

  德诺 10 岁那年因为输血不幸染上了艾滋病，伙伴们全都躲着他，只有大他 4 岁的艾迪依旧像从前一样跟他玩耍。离德诺家的后院不远，有一条通往大海的小河，河边开满了五颜六色的花朵，艾迪告诉德诺，把这些花草熬成汤，说不定能治他的病。

  德诺喝了艾迪煮的汤身体并不见好转，谁也不知道他还能活多久。艾迪的妈妈再也不让艾迪去找德诺了，她怕一家人都染上这可怕的病毒。但这并不能阻止两个孩子的友情。一个偶然的机会，艾迪在杂志上看见一则消息，说新奥尔良的费医生找到了能治疗艾滋病的植物，这让他兴奋不已。于是，在一个月明星稀的夜晚，他带着德诺，悄悄地踏上了去新奥尔良的路。

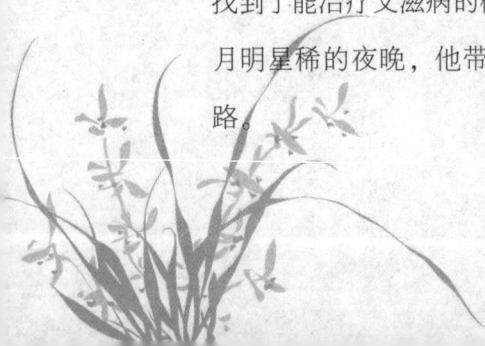

他们是沿着那条小河出发的。艾迪用木板和轮胎做了一只很结实的船。他们躺在小船上，听见流水哗哗的声响，看见满天闪烁的星星，艾迪告诉德诺，到了新奥尔良，找到费医生，他就可以像别人一样快乐生活了。

不知走了多远的路，船进水了，孩子们不得不改搭顺路汽车。为了省钱，他们晚上就睡在随身带的帐篷里。德诺的咳嗽多起来，从家里带的药也快吃完了。这天夜里，德诺冷得直发颤，他用微弱的声音告诉艾迪，他梦见二百亿年前的宇宙了，星星的光是那么暗、那么黑，他一个人呆在那里，找不到回来的路。艾迪把自己的球鞋塞到德诺的手上："以后睡觉，就抱着我的鞋，想想艾迪的臭鞋在你手上，艾迪肯定就在附近。"

孩子们身上的钱差不多用完了，可离新奥尔良还有三天三夜的路。德诺的身体越来越弱，艾迪不得不放弃了计划，带着德诺又回到家乡。不久，德诺就住进了医院。艾迪依旧常常去病房看他。两个好朋友在一起时病房便充满了快乐。他们有时还会合伙儿玩装死游戏吓医院的护士，看见护士们上当的样子，两个人都会忍不住地大笑。艾迪给那家杂志写了信，希望他们能帮忙找到费医生，结果却杳无音信。

秋天的一个下午，德诺的妈妈上街去买东西了，艾迪在病房陪着德诺，夕阳照着德诺瘦弱苍白的脸，艾迪问他想不想再玩装死的游戏，德诺点点头。然而这回，德诺却没有在医生为他摸脉时忽然睁眼笑起来，他真的死了。

那天，艾迪陪着德诺的妈妈回家。两人一路无语，直到分手的时候，艾迪才抽泣着说："我很难过，没能为德诺找到治病的药。"

德诺的妈妈泪如泉涌，"不，艾迪，你找到了，"她紧紧地搂着艾迪，"德诺一生最大的病其实是孤独，而你给了他快乐，给了他友情，他一直为有你这个朋友而满足……"

3天后，德诺静静地躺在了长满青草的地下，双手抱着艾迪穿过的那只球鞋。

在梦的远方

◎ 林清玄

　　这一世我觉得没有白来，因为会见了母亲，我如今想起与母亲的种种因缘，也想到小时候她说的一个故事：

　　有两个朋友，一个叫阿呆，一个叫阿土，他们一起去旅行。

　　有一天来到海边，看到海中有一个岛，他们一起看着那座岛，因疲劳而睡着了。夜里阿土做了一个梦，梦见对岸的岛上住了一位大富翁，在富翁的院子里有一株白茶花，白茶花树根下有一坛黄金，然后阿土的梦就醒了。

　　第二天，阿土把梦告诉阿呆，说完后叹一口气说："可惜只是个梦！"

　　阿呆听了信以为真，说："可不可以把你的梦卖给我？"阿土高兴极了，就把梦的权利卖给了阿呆。

阿呆买到梦以后就往那个岛上出发，阿土卖了梦就回家了。

到了岛上，阿呆发现果然住了一个大富翁，富翁的院子里果然种了许多茶树，他高兴极了，就留下做富翁的佣人，做了一年，只为了等待院子的茶花开。

第二年春天，茶花开了，可惜，所有的茶花都是红色，没有一株是白茶花。阿呆就在富翁家住了下来，等待一年又一年，许多年过去了，有一年的春天，院子里终于开出一棵白茶花。阿呆在白茶花树根掘下去，果然掘出一坛黄金，第二天他辞工回到故乡，成为故乡最富有的人。

卖了梦的阿土还是个穷光蛋。

这是一个日本童话，母亲常说："有很多梦是遥不可及的，但只要坚持，就可能实现。"她自己是个保守传统的乡村妇女，和一般乡村妇女没有两样，不过她鼓励我们要有梦想，并且懂得坚持，光是这一点，使我后来成为作家。

沉淀生命　沉淀自己

◉ 佚 名

麦克失业后，心情糟透了，他找到了镇上的牧师。牧师听完了麦克的诉说，把他带进一个古旧的小屋，屋子里一张桌上放着一杯水。牧师微笑着说："你看这只杯子，它已经放在这儿很久了，几乎每天都有灰尘落在里面，但它依然澄清透明。你知道是为什么吗?"

麦克认真思索后，说："灰尘都沉淀到杯子底下了。"牧师赞同地点点头："年轻人，生活中烦心的事很多，就如掉在水中的灰尘，但是我们可以让他沉淀到水底，让水保持清澈透明，使自己心情好受些。如果你不断地振荡，不多的灰尘就会使整杯水都浑浊一片，更令人烦心，影响人们的判断和情绪。"

有一年夏天，俞洪敏老师沿着黄河旅行，他用瓶子灌了一瓶黄河水。泥浆翻滚的水，被灌到水瓶里十分浑浊。可是一段

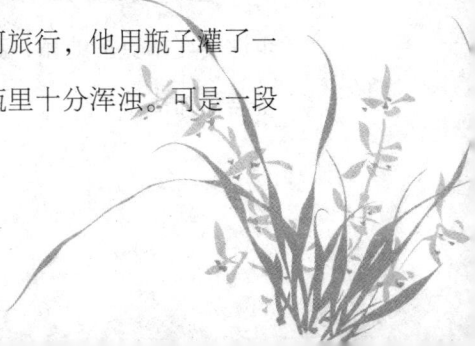

时间后，他猛然发现瓶子里的水开始变清，浑浊的泥沙沉淀下来，上面的水变得越来越清澈，泥沙全部沉淀只占整个瓶子的五分之一，而其余的五分之四都变成了清清的河水。他透过瓶子，想到了很多，也悟到了很多：生命中幸福与痛苦也是如此，要学会沉淀生命。

之所以有的人感觉生活是痛苦的，而有的人感觉是幸福的，主要是人们对待痛苦的态度不同。其实，等到瓶子里的水平静下来，一切又恢复清澈与透亮。如果我们能够静下心来，让痛苦沉淀在我们的心底，不管痛苦能不能消失，都只让它占有我们心里的一小片空间，那大部分的空间就会被幸福充实。过去，我们在匆忙和浮躁中，拼命地摇晃我们的生活，没有片刻的沉静，使我们的生活变得一片浑浊，使所有的幸福都掺杂了痛苦的成分。尤其是人在烦躁的时候，更容易疯狂地震荡自己，摇起满瓶的浑浊，于是我们时时感到痛苦、烦恼、焦虑，这不是因为痛苦多于幸福，而是我们用不恰当的方式，让痛苦像脱缰的野马，随意奔跑在我们生活的每一个角落。

为此，我们不妨学会——沉淀生命，沉淀经验，沉淀心情，沉淀自己！让生命在运动中得以沉静，让心灵在浮躁中得以片刻宁静。把那些烦心的事当作每天必落的灰尘，慢慢地、静静地让它们沉淀下来，用宽广的胸怀容纳它们，我们的灵魂也许会变得更加纯净，我们的心胸会变得更加豁达，我们的人生会更加快乐。

人生可能是一条曲线

◎ 包利民

先说第一个人。

他叫张朝南，乡村教师，朴实敦厚，典型的山里汉子。他有太多的事迹可以让那一方人永远记住他，为了二十几个学生能顺利上学读书，他变卖了所有的家当，住在学校里，苦苦地支撑着几个村唯一的小学。作为一个贫困偏远山区的民办教师，他的工资不仅少得可怜，而且被长年拖欠着，他甚至连家都没成。每年涨山洪的季节，他都要亲自去接送各村的学生，在危险地段，他更是背着学生蹚过河水。他的事迹上过报纸，可除了得到一点虚名外，对于他，对于他的学校，没有带来丝毫的改变。

直到爆发那场最大的泥石流。那一次，张朝南在生死边缘走了无数次，救下了 21 名学生，却终有一个孩子被泥石流吞

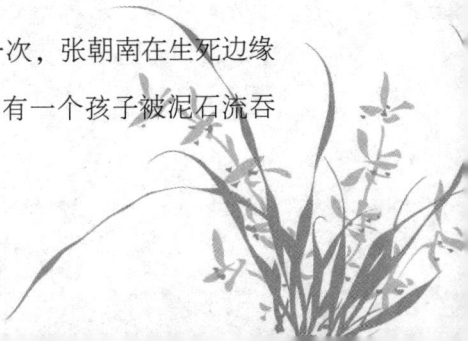

噬了生命。他自责自怨，无法面对那如花的生命在面前殒落。他觉得对不起教师这个称号，他连一个孩子稚嫩的生命都保护不了。那次灾难之后，他便放弃了教师的职业，成了无数普通山里人的一员。

再讲讲第二个人。

此人叫凌厉。人如其名，他在那个圈子里绝对是人人谈之色变的人物。他是一个保镖，花高价雇他的人极其放心。他的身手，十个经过专业训练的大汉也不是对手，他冷酷无情，毫不心慈手软。在一场地下商业纷争中，他和雇主面对几十个人，在谈崩了的情况下，他能将雇主安然带回，身后是放倒了一地的打手。这一事件，已成了保镖界的传奇与神话。

像凌厉这样的人，这样的人生，注定是充满着传奇和神话的。虽然他也曾有过太多次生死悬于一线的时刻，可他却把这些当成了一种刺激。那几年之中，他当保镖到底赚到多少钱，没有人计算得清。不过再美的神话也有落幕的时候，他终因遇人不淑，在拼死保护一个大毒贩时，被警方生擒。神话终结之处，是萧萧的铁窗生涯。

还剩下最后一个人。

这是一个地位尊崇的企业家，叫封平，年近半百开始创业，在短短几年内将一个小门面发展成大集团公司，让许多业内人士和记者惊为天人。是的，在当今竞争如此激烈残酷的现实之中，他能在几年之中迅速崛起，非是天才不能如此。年过

六旬的封平事业如日中天，不过他却很低调，丝毫没有大富豪的派头和霸气。令人感到惊奇的是，他竟然是单身，不知是丧失了亲人还是终身未娶。只是听人说在他的办公桌上，摆着一张小女孩的照片，这也让人们平添了许多猜想。

然而，更令人难以相信的是，封平一夜之间出卖了集团中自己所有的股份，甚至，那些天文数字的财产他全都捐了出去。这种做法，在国内是尽够惊世骇俗的了。有人说，他孤身一人，挣那么多钱也没人分享，自然捐了。可不管怎样，封平做到了，而且一下子消失在人们的视线之中，连那些为挖新闻无孔不入的记者也寻不到他的踪迹，就像他从未曾出现过，辉煌过。

张朝南，凌厉，封平，3 个人，3 种人生，仿佛来自 3 个不同的时空，他们却震撼了太多的人。我是在一个青年教育中心听到关于这 3 个人的事，当时，一个老者正在给台下数百名问题青年讲课，讲的就是这 3 个人。那些问题青年，都是游走于法律边缘的人，太多的人因为这一堂课而悬崖勒马。因为，每个人曾经的梦都是纤尘不染的吧。

现在，接着把这 3 个人的故事讲完。

张朝南不当教师以后，却依然惦记山里的孩子，为他们的教育问题困扰。最后，他决定去城里打工，想多挣些钱以改变山里的教育现状。可是进城不久，他便发现了挣钱的艰难，而朴实的他也因钱的诱惑而慢慢偏离生命的正轨，开始为了快速

挣钱而拼命。于是，保镖凌厉出现了。变成凌厉之后，他的钱挣得越来越多，每一次想收手时，都想着再干一次，终于身陷囹圄。十年刑满后，他出狱了，由于给太多的大老板当过贴身保镖，经历的商场事件也无人能及，他开始了自己的商场生涯，几年之后，企业家封平横空出世。他这次及时身退，这些年赚的钱被他捐出建了多少所希望小学，只有他自己知道。如今的他，正在一个遥远的山区，在一个崭新的希望小学里做着敲钟人。在他住处的桌子上，仍然摆着那个小女孩的照片，那女孩，就是在那场泥石流中逝去的学生。

　　不忘初衷，及时悔过，便永远不晚。也许，更多的时候，人生走出的是一条曲线，终点又回到起点，生命才是最圆满的吧。

谈　生　命

◙　冰　心

我不敢说生命是什么，我只能说生命像什么。

生命像向东流的一江春水，他从最高处发源，冰雪是他的前身。他聚集起许多细流，合成一股有力的洪涛，向下奔注，他曲折的穿过了悬崖峭壁，冲倒了层沙积土，挟卷着滚滚的沙石，快乐勇敢地流走，一路上他享受着他所遭遇的一切：

有时候他遇到巉岩前阻，他愤激地奔腾了起来，怒吼着，回旋着，前波后浪地起伏催逼，直到冲倒了这危崖，他才心平气和地一泻千里。有时候他经过了细细的平沙，斜阳芳草里，看见了夹岸红艳的桃花，他快乐而又羞怯，静静地流着，低低地吟唱着，轻轻地度过这一段浪漫的行程。

有时候他遇到暴风雨，这激电，这迅雷，使他心魂惊骇，疾风吹卷起他，大雨击打着他，他暂时浑浊了，扰乱了，而雨

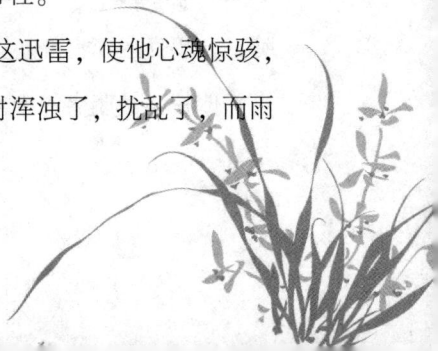

过天晴，只加给他许多新生的力量。

有时候他遇到了晚霞和新月，向他照耀，向他投影，清冷中带些幽幽的温暖；这时他只想憩息，只想睡眠，而那股前进的力量，仍催逼着他向前走……

终于有一天，他远远地望见了大海，呵！他已到了行程的终结，这大海，使他屏息，使他低头，她多么辽阔，多么伟大！多么光明，又多么黑暗！大海庄严地伸出臂儿来接引他，他一声不响地流入她的怀里。他消融了，归化了，说不上快乐，也没有悲哀！

也许有一天，他再从海上蓬蓬的雨点中升起，飞向西来，再形成一道江流，再冲倒两旁的石壁，再来寻夹岸的桃花。然而我不敢说来生，也不敢相信来生！

生命又像一颗小树，他从地底聚集起许多生力，在冰雪下欠伸，在早春润湿的泥土中，勇敢快乐地破壳出来。他也许长在平原上，岩石上，城墙上，只要他抬头看见了天，呵！看见了天！他便伸出嫩叶来吸收空气，承受阳光，在雨中吟唱，在风中跳舞。

他也许受着大树的荫遮，也许受着大树的覆压，而他的青春和生长的力量，终使他穿枝拂叶地挣脱了出来，在烈日下挺立抬头！他遇着骄奢的春天，他也许开出满树的繁花，蜂蝶围绕着他飘翔喧闹，小鸟在他枝头欣赏唱歌，他会听见黄莺清吟，杜鹃啼血，也许还听见枭鸟的怪鸣。

他长到最茂盛的中年，他伸展出他如盖的浓荫，来荫庇树

下的幽花芳草，他结出累累的果实，来呈现无尽的甜美与芳馨。秋风起了，将他的叶子由浓绿吹到绯红，秋阳下他再有一番庄严灿烂，不是开花的骄傲，也不是结果的快乐，而是成功后的宁静和怡悦！

终于有一天，冬天的朔风把他的黄叶干枝卷落吹抖，他无力的在空中旋舞，在根下呻吟，大地庄严地伸出臂儿来接引他，他一声不响的落在她的怀里。他消融了，归化了，他说不上快乐，也没有悲哀！

也许有一天，他再从地下的果仁中，破裂了出来。又长成一棵小树，再穿过丛莽的严遮，再来听黄莺的歌唱，然而我不敢说来生，也不敢相信来生。

宇宙是个大生命，我们是宇宙大气中之一息。江流入海，叶落归根，我们是大生命中之一叶，大生命中之一滴。在宇宙的大生命中，我们是多么卑微，多么渺小，而一滴一叶的活动生长合成了整个宇宙的进化运行。要记住：不是每一道江流都能入海，不流动的便成了死湖；不是每一粒种子都能成树，不生长的便成了空壳！生命中不是永远快乐，也不是永远痛苦，快乐和痛苦是相生相成的。等于水道要经过不同的两岸，树木要经过常变的四时。在快乐中我们要感谢生命，在痛苦中我们也要感谢生命。快乐固然兴奋，苦痛又何尝不美丽？我曾读到一个警句，它说"愿你生命中有够多的云翳，来造成一个美丽的黄昏"。世界、国家和个人的生命中的云翳没有比今天再多的了。

如果我是你

◨ 三 毛

三毛女士：

我今年 29 岁，未婚，是一家报关行最低层的办事员，常常在我下班以后，回到租来的斗室里，面对物质和精神都相当贫乏的人生，觉得活着的价值，十分……对不起，我黯淡的心情，无法用文字来表达。我很自卑，请你告诉我，生命最终的目的何在？

以我如此卑微的人（我的容貌太平凡了），工作能力也有限，说不出有什么特别的兴趣，也从来没有异性对我感兴趣。

我真羡慕你，恨不得能够活得像你，可惜我不能，请你多写书给我看，丰富我的生命，不然，真不知活着还有什么快乐？

敬祝

春安

一个不快乐的女孩上

不快乐的女孩：

从你短短的自我介绍中，看来十分惊心，29 岁正当年轻，居然一连串的用了——最低层、贫乏、黯淡、自卑、平凡、卑微、能力有限这许多不正确的定义来形容自己。

以我个人的经验来说，我也反复思索过许多次，生命的意义和最终目的到底是什么，目前我的答案却只有一个，很简单的一个，那便是"寻求真正的自由"，然后享受生命。

不快乐的女孩，你的心灵并不自由，对不对？当然，我也没有做到绝对的超越，可是如你信中所写的那些字句，我已不再用在自己身上了，虽然我们比较起来是差不多的。

如果我是你，第一步要做的事是加重对自我的期许与看重，将信中那一串又一串自卑的字句从生命中一把扫除，再也不轻看自己。

你有一个正当的职业，租得起一间房间，容貌不差，懂得在上下班之余更进一步探索生命的意义，这都是很优美的事情，为何觉得自己卑微呢？你觉得卑微是因为没有用自己的主观眼观看自己，而用了社会一般的功利主义的眼光，这是十分遗憾的。

一个不欣赏自己的人，是难以快乐的。

当然，从你的来信中，很容易想到你部分的心情，你表达的能力并不弱，由你的文字中，明明白白可以看见一个都市单身女子对于生命的无可奈何与悲哀，这种无可奈何，并不浮浅，是值得看重的。

很实际的来说，不谈空幻的方法，如果我住在你所谓的"斗室"里，如果是我，第一件会做的事情，就是布置我的房间。我会将房间粉刷成明朗的白色，给自己在窗上做上一幅美丽的窗帘，在床头放一个普通的小收音机，在墙角做一个书架，给灯泡换一个温暖而温馨的灯罩，然后，我要去花市，仔细的挑几盆看了悦目的盆景，放在我的窗口。如果仍有余钱，我会去买几张名画的复制品——海报似的那种，将它挂在墙上……这么弄一下，以我的估价，是不会超过四千台币的，当然除了那架收音机之外，一切自己动手做，就省去了工匠费用，而且生活会有趣得多。

房间布置得美丽，是享受生命、改变心情的第一步，在我来说，它不再是斗室了。然后，当我发薪水的时候——如果我是你，我要给自己用极少的钱，去买一件美丽又实用的衣服。如果我觉得心情不够开朗，我很可能去一家美发店，花一百台币修剪一下终年不变的发型，换一个样子，给自己耳目一新的快乐。我会在又发薪水的下一个月，为自己挑几样淡色的化妆品，或者再买一双新鞋。当然，薪水仍然是每个月会领的，下

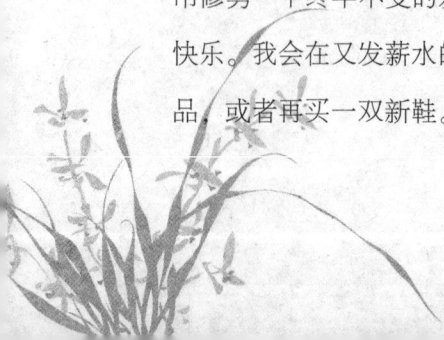

班后也有四五小时的空闲，那时候，我可能去青年会报名学学语文、插花或者其他感兴趣的课程，没有压力的每周夜间上两次课，是改换环境又充实自己的另一个方式。

你看，如果我是你，我慢慢的在变了。

我去上上课，也许可能交到一些朋友，我的小房间既然那么美丽，那么也许偶尔可以请朋友来坐坐，谈谈各自的生活和梦想。

慢慢的，我不再那么自卑了，我勇于接触善良而有品德的人群，我会发觉，原来大家都很平凡——可是优美，正如自己一样。我更会发觉，原来一个美丽的生活，并不需要太多的金钱便可以达到。我也不再计较异性对我感不感兴趣，因为我自己的生活一点一点的丰富起来，自得其乐都来不及，还想那么多吗？如果我是你，我会不再等三毛出新书，我自己写札记，写给自己欣赏，我慢慢的会发觉，我自己写的东西也有风格和趣味，我真是一个可爱的女人。

不快乐的女孩子，请你要行动呀！不要依赖他人给你快乐。你先去将房间布置起来，勉强自己去做，会发觉事情没有你想象的那么难，而且，兴趣是可以寻求的，东试试西试试，只要心中认定喜欢的，便去培养它，成为下班之后的消遣。

可是，我仍觉得，在这个世界上，最深的快乐是帮助他人，而不只是在自我的世界里享受——当然，享受自我的生命也是很重要的。你先将自己假想为他人，帮助自己建立起信

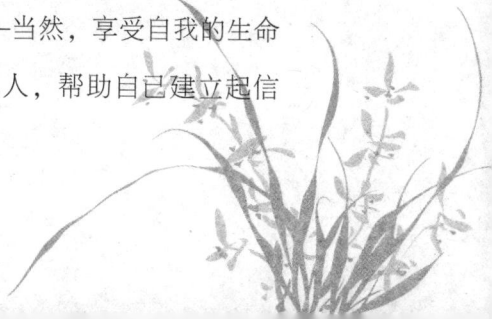

心，下决心改变一下目前的生活方式，把自己弄得活泼起来，不要任凭生命再做赔本的流逝和伤感，起码你得试一下，尽力去试一下，好不好？

享受生命的方法很多很多，问题是你一定要有行动，空想是不行的。下次给我写信的时候，署名快乐的女孩，将那个"不"字删掉好吗？

你的朋友三毛上

生命之约

025

◎ 曹小平

　　我有一位同事，10 年前肾脏出了问题，她一无所知，以为是干家务活累得腰疼，贴一圈伤湿膏了事。不久她的心脏血压全面报警，一查发现已经酿成了严重的肾病综合症。

　　当时住院治疗的主要手段是用激素，人飞快变形，病却依然像买了单程车票，再也没有返程的机会。在眼睁睁看着同室病友死去两个之后，她逃也似的搬出医院，靠吃草药苟延，终于有一天，她的肾脏完全坏死，大量尿液淤存体内，甚至入侵心脏，生命危在旦夕。医生紧急为她做连结动、静脉的漏管，火速送进血液透析室，这才使她又活过来。

　　初次做血透，一下子排掉了七八公斤水和体毒，人变得神清气爽，高兴得什么似的。以前为了控制尿液和尿蛋白，她不得不实行禁欲主义，杜绝好茶好菜；现在仗着机器的威力，她

大报其仇，跳下血透床就去买了一大包好茶，两大块猪头肉，大享生命的乐趣。然而从此以后，她便再也无法逃离这台机器。每隔一天，她必须向机器报到一次，风雨无阻，稍有差池，她就只能向死神报到去了。

医院的血透室，是一个人们去赴严酷的生命之约的地方。对我的同事而言，赴这样的"约会"，她只需要做到不辞辛劳和守时，因为她享有公费医疗。而那些自筹钱款向血透机索取生命的平民百姓，他们是怎么应付每次血透 400 元人民币的巨额开销的？要知道，一次血透是 400 元，一月好几千，一年就是几万了！对于享受城市最低生活保障的人而言，每月的救济金只够他们做半次血透。我的同事说，有一位沉默的男病友，上了血透床就昏睡，每一次一拔掉血透机的针头，他就踏上了去苏北的长途车，披星戴月地贩回一批鱼虾，卖掉，刚好够做下一次血透的钱。

我每去医院的血液透析室看望同事，心情都无一例外地肃穆——这是一个尤其要向卑微的生命行注目礼的地方。我们单位有一位收入很低的司机，他的母亲是不享受任何医疗福利的家庭妇女，每周做 3 次血透已经做了 3 年了——就是说这个普通的家庭已经为这位母亲支付了十几万元的血透费，而在这位司机的脸上，虽然写有菜色，却也不乏笑容，看不出他负荷了什么！

过年了，我那位女同事却连除夕也必须分出 4 个小时给血透机。她早早地忙着灌香肠、腌咸鱼、做素什锦——人就是这样，生命越是无力，越是一丝不苟地操练生命力。

不久前，女同事邻床的一位老太太在做血透的时候猝死，她是突发了脑溢血。血透室不是生命的港湾，死神随处蛰伏，我的女同事也曾多次出现凶险：血压骤降，极度贫血，电解质紊乱，过敏性休克……

然而她觉得她是幸福的，尽管每周 3 次都要去赴残酷的生命之约，因为还能活着，她就感到很满足很快乐。

与生命相比，所有的表演都须退让

◎ 石敬涛

　　7名高中生因车祸遇难，作为全人类共同盛会的奥运会竟然因而取消闭幕式的文艺演出，以表达对遇难者的悼念，对于此，大多数的公众对组委会的做法表示理解和敬佩。正像那位网友所说："与生命相比，所有的表演都需退让！"

　　但是，在这主流认同声音的同时，也有一些公众对奥运会组委会此举表示困惑。奥运会是属于全世界的，而雅典为了7个高中生遇难，而取消属于全世界的奥运会闭幕式的文艺演出，这是不是有点小题大做？

　　这7个孩子是在前往观看残奥会比赛的途中遇到不幸的，是在追求崇高的残奥精神境界的路程中离去的。在这一天，所有的运动员甚至是世界上所有得知这一噩耗的人，都会为这7个孩子的不幸而感到悲伤。所有的运动员、所有的演员（包括

我国残疾人艺术团那金碧辉煌的"千手观音"演出人员），尤其是那些遇难孩子的家长，更不会再有心思表演和观看。而残奥会也因此而蒙上了一层悲伤、阴郁的色彩。

此时此刻，也许没有比取消文艺演出更能体现所有演员伟大的人道主义精神，没有比取消文艺演出更能体现奥运会的精神，没有比取消文艺演出更能体现全人类对于人类自身、对于人类生命的敬畏和尊重之情了。这种因取消属于全人类、全世界奥运会闭幕式文艺演出而彰显出的敬畏和尊重，是一种无法用其他任何东西替代和超越的神圣之感，是一种尊重生命的文化信仰。

目前，我国正处于交通事故的高发期，每年因交通事故死亡的人数达 11 万人，并且还以年均 10%的速度递增。每天都有车祸，民众都麻木了。

所以，在中国民众对取消闭幕式文艺演出而表示困惑和不解中所流露出的，恰恰是尊重生命意识的淡漠，是尊重生命意识已经成为文化信仰的缺乏。应该看到，公众尊重生命意识的群体性缺乏，更是一种肉眼所看不见的"隐性暴力"。这种看不见的暴力将会极大地破坏和"感染"社会成员的心态，使公众在对待生命的问题上容易形成麻木、冷漠等心理特征，并成为一种带有倾向性的社会行为和价值准则。这一点却还没有引起足够重视。

"与生命相比，所有的表演都需退让！"残奥会这种尊重和

关爱生命的意识，不仅是人类生存利害的必需，更体现了奥运精神的真谛，体现了人类对自身的觉醒和追求公正、和平、爱心、和谐生活的愿望。这是人类文明的终极意义所在。从这一点来看，残奥会组委会确实给我们上了一堂很好的尊重生命意识课。

1000 个水兵和一个婴儿的故事

◎ 佚 名

1996 年 7 月，美国华盛顿州一家杂志社体育栏目的编辑丹尼尔·凯恩收到了一封有 1000 个叔叔签名的邀请信："孩子，你千万要来参加我们今年 9 月在芝加哥举行的聚会，我们都盼望着你到来——原克鲁兹航空母舰上的 1000 名老水兵。"

捧着这封信，丹尼尔的眼睛里泪光闪烁，他又想起了养父凯恩给他讲过的 1000 个水兵和一个婴儿的故事。

那是四十多年前，凯恩是克鲁兹航空母舰的舰长。那时已是战争的第 4 个年头，交战双方已签订停战协议。4 年的战争掏空了士兵们心中所有的热情和活力。他们一个个精疲力竭，闲时常常衣衫不整、胡子不刮地在舰上酗酒、赌博。作为舰长的凯恩很为他们痛心，是战争毁了他们的青春年华。

一天，凯恩接到了一家孤儿院负责人菲美娜修女的来信。

修女在信中说有一件宝贝要送给凯恩，请他马上去一趟。

当凯恩随修女来到孤儿院的婴儿室外时，不禁怔住了，这个宝贝原来是个男婴。修女告诉他，两个月前，军队供给处一名医务员乔治在外面散步时，发现路边一团报纸里裹着一个非常瘦弱的婴儿。这个婴儿大概只有一个多月大，显然是个被美国兵抛弃的私生子。这个孩子便是那位医务员捡到后交给修女的。

"噢，真是个可爱的小宝贝！"凯恩伸手抱起孩子。

怀里的孩子确实使这位行伍出身的军人多年来遭受创伤的心灵得到了慰藉。战争使他至今孑然一身，每当他一人独坐时，便觉得心中空荡荡的。然而从他看到这个并不强健的小生命的第一眼起，他枯萎的心灵不禁震颤了。

"舰长，您瞧孩子多可爱呀，可是我们的孤儿院缺衣少食，困难重重，这里的孩子长到 10 岁就得离开孤儿院自谋生路，何况这个婴儿如此孱弱，孤儿院无法养活他。"菲美娜恳求道，"您能不能收养这个孩子？"

凯恩对此当然求之不得，然而想到海军军舰上的纪律规定不允许非军事人员留舰，他有些犹豫了。"舰长，这毕竟是个小生命啊！"菲美娜再一次恳求。

是啊，孩子是无辜的，这都是战争欠下的孽债！自己作为一名参与了这场战争的军人，对此有不可推卸的责任。终于，他点点头。

凯恩将这个男婴抱回舰上，叮嘱舰上的士兵不要传扬出去，他给这瘦弱的男婴取名叫丹尼尔·凯恩。丹尼尔的到来使舰上每个士兵都兴奋无比，连日来，他们一直为孩子偷偷地忙碌着。他们先在舰上腾出一间房子作为婴儿室，并用炮弹箱做成婴儿床和游戏围栏，围栏上挂满了炮弹壳做成的拨浪鼓、玩具什么的，把床单剪成一尺多长的布片做尿布……在士兵们心中，这个房间就像废墟上开了一朵小花，是他们心中最圣洁的地方。

凯恩惊奇地发现，自从丹尼尔来到舰上后，士兵们渐渐地变了，他们变得讲卫生起来，衣冠整齐，胡子刮净；他们变得文雅了，说起话来彬彬有礼；他们干涸的眼里出现了光泽；他们嘴角常挂着微笑！

1953 年 11 月初，凯恩接到了撤退回国的命令，这使他有些犯愁了，因为在国外出生的孩子要进入美国，必须要有护照和大使馆的签证。

1000 名士兵着急了，他们决定联名写信请求领事馆批准。言辞恳切的信寄出后，1000 颗心天天盼着回信。5 天后的一个晚饭时分，领事馆终于来信了，回答是简短有力的"同意"二字。

1953 年 12 月，克鲁兹号航空母舰载着凯恩舰长、1000 名士兵和小丹尼尔终于返回美国。然而，当凯恩抱着丹尼尔迈出婴儿室准备下船时，他又一次被眼前的景象惊呆了：1000 名

士兵沿着船栏排成整整齐齐的两行，列队等候着他们。

凯恩抱着丹尼尔，每走过一个士兵，那位士兵便向他"刷"地敬个军礼，凯恩觉得脚下的路变得很长，他正从战争走向和平，他怀中的婴儿丹尼尔是他及他的 1000 名士兵在这场战争中的唯一收获，他的眼睛湿润了……

丹尼尔 1977 年毕业于华盛顿州立大学，获得传播学学位。如今他已结婚成家，居住在华盛顿州的艾夫拉塔镇。

1996 年 9 月 16 日，1000 个老水兵准备在芝加哥聚会一次，他们也邀请了凯恩和丹尼尔参加。

"我们的孩子来了！"聚会那天，那些白发苍苍的老水兵们终于迎来了一位英俊潇洒、身强力壮的年青人。

聚会时丹尼尔大声说道："没有你们这些好心人，我就不会活在世界上，是你们给了我生命！"

"不！"突然，一个老人站了起来，"其实，我们应该感谢你。那时候，我们觉得前途灰暗，战争使我们除了打仗没有一技之长，我们怀疑即使和平后回到故乡我们也只能成为没人需要的废人。然而是你让我们认识到自己的作用。试想，一个比我们孱弱几倍的婴儿都渴望生活的机会，我们怎么有权利拒绝生活给我们重新创造的机会呢！"

良久，响起了震耳欲聋的掌声，这掌声充满了生命的活力！

请把我埋得浅一些

⊙ 佚 名

　　二战时期，在一座纳粹集中营里，关押着很多犹太人，他们大多是妇女和儿童。他们遭受着纳粹者无情的折磨和杀害，人数在不断减少。

　　有一个天真活泼的小女孩，和她的母亲一起被关押在集中营里。一天，她的母亲和另一些妇女被纳粹士兵带走了，从此，再也没有回到她的身边。人们知道，她们肯定是被杀害了。因为每天都有人被杀害，死亡的阴影笼罩着每一个人，人们谁也不知道自己是否能活到第二天。但当小女孩问大人们她的妈妈哪里去了，为什么这么久了还不回来时？大人们沉默着流泪了，后来实在不能不回答时，就对小女孩说，你的妈妈去寻找你的爸爸了，不久就会回来的。小女孩相信了，她不再哭泣和询问，而是唱起妈妈教给她的许多儿歌，一首接一首地唱

着，像轻风一样在阴沉的集中营中吹拂。她还不时爬上囚室的小窗，向外张望着，希望看到妈妈从远处走来。

小女孩没有等到妈妈回来，就在一天清晨，纳粹士兵用刺刀驱赶着，将她和数万名犹太人逼上了刑场。刑场上早就挖好了很大的深坑，他们将一起被活活埋葬在这里。人们沉默着，死亡是如此真实地逼近着每一个生命。面对死亡，人们在恐惧中发不出任何声音。

人们一个接一个地被纳粹士兵残酷地推下深坑。当一个纳粹士兵走到小女孩跟前，伸手要将她推进深坑中去的时候，小女孩睁大漂亮的眼睛对纳粹士兵说："刽子手叔叔，请你把我埋得浅一点好吗？要不，等我妈妈来找我的时候就找不到了。"纳粹士兵伸出的手僵在了那里，刑场上顿时响起一片抽泣声，接着是一阵愤怒的呼喊……

人们最后谁也没能逃出纳粹的魔掌。但小女孩纯真无邪的话语却撞痛了人们的心，让人们在死亡之前找回了人性的尊严和力量。

暴力真的能摧毁一切？不，在天真无邪的爱和人性面前，暴力看到了自己的丑恶和渺小。刽子手们在这颗充满爱的童心面前颤抖着，因为他们也看到了自己的结局。

神　　鹰

◎ 麦　子

我读大四时，在一个穷苦的老人家里做义工。老人无儿无女，孤身一人，在学校提供的需要帮助的人名单里，他列在首位，我第一个报了名。

每到周末下午两点，我准时来到老人的家。开始是想帮老人收拾一下家，洗洗衣服做做饭。但老人却只让我做一件事——剁肉。

因为中风，他的右手时常颤抖，而左手蜷缩无力。一块两三斤重的新鲜牛肉搁在砧板上，要剁得碎碎的。我问为什么不用绞肉机？老人说绞肉机绞出的肉不够碎，而且远不如剁出来的味道鲜美。"老了，牙口不好。"老人眯着眼说。

坐在台阶上，一块肉我要剁半天。老人极看重这件事，显得格外挑剔。屋子里光线太暗，每次剁肉我都把砧板放到门口

的台阶上。老人总要坐在一边看,直到我把肉剁成肉酱,他才放心地叫我把肉放进盘子里。

我干活时,除了老人,还有一只鹰总盯着我。它立在树梢,目光锐利,对我就像防备一个小偷。

我讨厌这只鹰。它很老了,身上长着斑疮,翅膀飞起来很迟缓,一抖,到处都掉毛。

这天,我正在台阶上剁肉,边机械地挥着刀边算着已经来了多久。突然,树上的鹰发出一声怪叫,冲着我俯身飞过来。我吓了一跳,手里的菜刀掉到地上,人蹿出老远。鹰站在屋檐上,一动不动。我再看牛肉,上面落了不少尘土。我很生气,该死的鹰,发什么神经?我抄起根竹竿想去打那只鹰。

正闭目养神的老人惊醒了,从窗口看到我的举动,他大吼了一声:你在干什么?混蛋!

我扭过头,惊呆了。一向对我温和有加、心存感激的老人,为了自己的宠物,竟如此恶劣地吼我?我狠狠地把竹竿扔到地上。

见我摘下围裙,甩手要走,老人叫住了我。他说这是他的怪癖,不能容忍任何人不敬他的鹰。说着,老人打了个呼哨,鹰落到了他的手臂上。他满怀深情地看着它,缓缓地给我讲起了多年前的一件往事。

30年前,他在西藏当兵。一次野外训练中,他在那仁郭勒河谷和大部队走散了。在荒滩上走了很久,又累又饿的他感

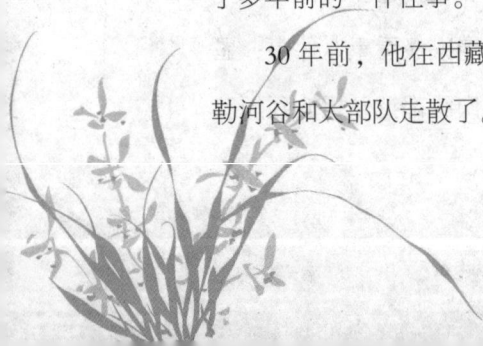

到了绝望。

喝了几口水，他靠在石头上，竟慢慢睡着了。不知过了多久，他突然被一声尖锐的鸣叫惊醒。缓缓地坐起来，他看到残阳下一只鹰正翱翔在高空，绕着他鸣叫不止。他感到不安，紧张地四下里看。草洼里，猛地露出一只凶恶贪婪的蛇头。那是一条大蟒蛇，盘成锅盖般。

他呆呆地盯着蟒蛇，脑子里一片空白。蟒蛇昂起头，芯子抖动着，像骇人的火苗。他觉得自己的心跳都要停止了，恐惧让他一动也不能动。这时，那只盘旋的苍鹰如闪电般俯冲下来，突然伸出尖利的喙，一击啄中了蟒蛇的左眼。蟒蛇受到攻击，猛地回身，苍鹰鸣叫着飞上了高空。被啄瞎了一只眼，蟒蛇疯狂地昂着头，等待着苍鹰再次落下来。他抓住机会拼命朝远处逃去。蟒蛇却不想放过他，在荒滩上，它远比人跑得快。这时，鹰又一个俯冲，翅膀几乎擦着蟒蛇的头划过。蟒蛇恼羞成怒，鲜血直流的头昂起足有一尺高。

他不顾一切地往前逃，直到看到车灯光，看到前来寻找他的战友。

"后来我才知道，这是荒原上藏族人驯养的鹰，叫巴塞。它不仅帮助猎人捕猎，而且不止一次救过人。从那以后，我成了这只鹰的朋友。复员时，得知巴塞因受伤已经不能在高空翱翔，征得主人同意，我带走了它。之所以选择在空旷的郊区生活，我就是想给巴塞一片自由的天地。"老人说。

听了老人的故事，再抬头看那只鹰，我心里有些羞愧。这样的鹰，该通人性吧？莫非它看透了我的阴暗心理：来老人家，我并不是心甘情愿的。在我就读的大学，有一项德育学分，4年大学要修满10分，否则不能顺利拿到毕业证。我照顾老人5个月，每个月能拿到两个学分。这样，到6月份，我就能顺利地戴上学士帽。

和这只鹰比起来，这是多么令人不齿的事！

再来老人的住处，我对鹰多了几分敬畏。

这天，因为功课耽误了时间，我比往常迟了两小时到老人的住处。推开门，我看到老人正端着碎肉喂老鹰。那只鹰，一下下地啄食。一瞬间，我的脸涨得通红。原来，我每个周末累得手酸臂疼，却是侍候一只鹰！

老人似乎看出了我的愤怒，半晌，他说，鹰老了，恐怕也没有多长的寿命了。它的喙已经没有多少力气，肠胃也不像壮年鹰。他还有假牙可以啃嚼，鹰却啄不碎鲜肉，所以只好把肉剁碎。

"年轻人，我不是故意瞒着你，对不起了。"老人诚恳地向我道歉。

我心里有点儿不是滋味，老人之所以这样做，无非是怕我剁肉不用心。我是来照顾他的，现在却成了照顾一只鹰。

我没有说什么，像往常一样拿出砧板，坐在台阶上剁肉，一言不发。鹰站在树梢，一动不动，但它的眼睛一直都在盯着我。

手剁酸了，我正准备停下来休息一会儿，这时，鹰突然像离弦的箭一般朝着我冲过来。我吓坏了，迅速起身，后退两步倚住了墙。

鹰没有收翅，而是直奔屋檐。我抬起头，只见鹰猛啄屋檐，鹰喙流出血来。不一会儿，它似乎无法负重，身子径自下落。我吃惊地低下头一看，鹰摔到地上，嘴里牢牢啄着一条两尺来长的眼镜蛇。蛇在鹰嘴里扭动，蛇尾扑打着台阶，尘土腾起老高。鹰一次次试图站起来，可它太老了，摔得太重，根本做不到。鲜血顺着鹰喙不断地流下来，在石阶上积成一洼。可无论眼镜蛇如何拼命挣扎，鹰一直不松口。

蛇的动静越来越小，渐渐僵直。鹰身子一歪，倒在了地上。我呆呆地倚着墙，几乎不敢相信眼前的一切。

现在，我才明白了鹰为什么一直牢牢地盯着我。它不是盯着我，而是盯着距我头顶不远的屋檐，那里藏着一条狡猾的毒蛇。鹰时刻都在提防着蛇对我发动攻击，它一次次地擦着我的头飞过，不过是想寻找时机啄出那条蛇。

站在台阶上，我仰起头。头顶，一个小小的圆洞，正对着我剁肉的位置。

老人从屋子里出来，呆呆地看着鹰，看着死蛇。他蹲下身，将气息微弱的鹰抱在怀里，浑浊的泪水滴落到它的羽毛上。

我缓缓伸出手，轻轻抚摸着生命垂危的鹰。远处残阳如血，我的视线渐渐模糊。

最后的鹿王

◻ 黄越城

　　30 年前，我曾在农场的鹿场当场长。鹿场的前身是"战备点"，留有一座高耸入云的木制瞭望塔，塔顶有一架可以转动的高倍望远镜，能够清晰地观察方圆几十公里的景物。

　　一天，我在高倍望远镜中发现了一只头上长出 6 枝杈的健壮公鹿，它的动作与神态极为潇洒优雅，简直有王者风范。最使我注目的是那鹿角，漂亮得简直像"皇冠"。那是大自然的造化，美与力的完美结合。

　　农工们告诉我，那只鹿曾是这里野鹿群的首领，我们这个鹿场就建在它原来的领地上。刚建鹿场时，它曾多次率鹿群来"收复失地"。野鹿群被吓走后只有它故土难离，经常来鹿场附近转悠……直到近来才不再露面了。

　　没有人想伤害鹿王——当时虽然没有保护野生动物的具体

法规，但当地居民全都以质朴善良之本性与各类野生动物和平相处。

我对鹿王产生了兴趣，经常骑马到鹿王出没的那个山坡去寻找，甚至还在那里露宿了几夜。后来终于见到了鹿王，它站在离我不足20米的地方面对着我，眸子中闪出愤怒和惊讶。鹿王与我对峙了好半天，直到我的马向它走去，它才慢吞吞地离开。

鹿王的傲慢激怒了我的马，它长啸一声直奔鹿王冲去。鹿王跑跑停停，不时回头挑衅鸣叫。马更加怒发冲冠，不顾一切穷追猛撵。这是一匹没有被骗过的马，性格倔强，脾气刚烈，它曾独自追赶一群狼并踢死了其中的一只。

鹿的短跑速度远远超过马，但不善于长距离跑，一般的鹿都是挑选马无法奔跑的陡峭之地才能摆脱追赶，鹿王却与我的马进行了一场马拉松式的公平竞赛……最后，我不得不从马背上滚了下来，才没使它们两败俱伤。

我在高倍望远镜中还见过两次鹿王与狼搏斗的情景。一次是一只阴险的孤狼，它在鹿王身后一瘸一拐地悄悄跟踪，直到一扑成功的距离时才跃起。然而就在同一瞬间，鹿王突然转身用鹿角向上一挑，那狼便瘸着腿逃走了，而且是真的瘸了。另一次是一群狼的合力围剿，鹿王在一览无余的山坡上与群狼周旋了好几个回合，正当狼群对其包围合拢之际，鹿王从狼群头顶一跃而过，快得像流星。

我没想到的是，鹿王竟与我的马成了朋友。它频繁出现在鹿场附近，开始是远远地徘徊观望，后来便发出长长的呼唤。马便遥相呼应，发出同样的长鸣……每当这时，我就把马放出鹿场。它们便在一起嬉戏玩耍，时而奔跑，时而漫步……后来，我跟在马身后去拜访鹿王。它感受到我没有恶意，也就不再躲避。看来，对家养鹿群不屑一顾的鹿王并非一意孤傲，它是愿意结交脾气相投的朋友的。

农工们说，公鹿的角每年都要长出一枝新杈，长到 7 枝杈时最完美。我极想看到鹿王长出 7 枝杈时的模样。但是，到了鹿角长杈季节，鹿王却在鹿场附近消失了……疑惑了好几天之后，我猛然想起前些天我帮农工割鹿茸割破了鹿的头皮，痛得那只鹿直叫。鹿王一定是看到了当时的情景。我几次骑马到鹿王居住的山坡去寻找，但每次均无功而返……

秋天，深山林区烧了一场大火，一大批动物逃到了鹿场附近，十几个追赶逃难动物的猎人也随之而至。农工们告诉我，那些猎人发现了鹿王，正在全力捕捉，他们想要那漂亮的鹿角。

我没太把那些猎人当回事，他们根本就靠近不了鹿王。但是，我低估了那些人的能力。

我在高倍望远镜中看见鹿王被十几个不断举枪射击的猎人逼上了悬崖——从鹿王奔跑的姿态上看，它已经受了伤，而且伤得很重。

我实在不愿记述那惨烈的一幕：被逼到悬崖边上的鹿王突然将头上的角猛力向岩石上撞去，然后纵身跳下悬崖……3 天后我才赶到那悬崖。悬崖下深不见底，什么都看不见，我找到了那块岩石，地上只有鹿角的碎片……一只美丽的，仿佛神话世界中的精灵就这样从现实中消失了，它是否长出了第 7 枝鹿权呢？

去悬崖时我没有骑马，我不想让马看见它朋友的美丽的碎片。

复仇的蛇头

◎ 张森凤

　　前年夏天，丈夫的地质小分队要到鄂西大蛇岭搞一项矿产调查，恰逢学校放假，我便请求他带我随行。我这人贪嘴，最喜欢吃蛇肉，听说大蛇岭地处鄂西腹地，自古多蛇，到了那儿，不说天天吃蛇肉，隔三差五撮一顿总是少不了的，自然便动了心。丈夫跟地质队队长一说，他便应允了。

　　来到了大蛇岭，我、丈夫和工程师铁人打前哨。进山后，我们临时住在山上的一幢老房子里。刚安顿下来，村长就给我们送来一篮鸡蛋，并要我们藏好，说庙里的土地神像下住着一条老蛇，可别让它偷吃了。铁人是一位老地质，生性豪爽，不仅找矿经验丰富，还是一个捕蛇能手。他大笑着说不管它老蛇还是嫩蛇，只要它胆敢偷吃鸡蛋，我就把它宰了。村长讪笑着说，你们最好别惹它，这家伙成了精的。铁人根本没把村长的

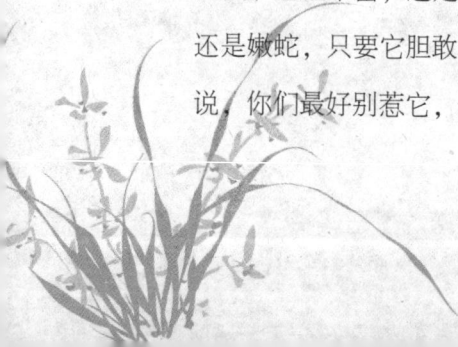

话当回事。村长走后不久，他就兴致勃勃地带着我们出去捕蛇。大蛇岭果然名不虚传，不到半夜，我们就捉了大半袋被当地人称之为"土聋子"的蝮蛇。铁人高兴坏了，把口袋扎好扔在墙角，准备天亮后剖腹取胆炖蛇肉。

可第二天起床一看，不好，袋里的蛇跑得精光，村长送来的那一篮鸡蛋也少了许多。我以为是蛇咬破袋子跑了，催丈夫捡起袋子看看，结果里看外看，一个洞也没有，俩人都大吃一惊。我感到毛骨悚然，忙问铁人怎么办。铁人冷笑道："怕什么？先搞清这家伙的活动规律，再逮住它做下酒菜！"

这天晚上，铁人早早捉回一袋蛇放在床前，自己躺在床上装睡，让我们无论发生什么都不要动。不一会儿，我听到轻微的簌簌声，顺着声音望去，妈呀！只见一条粗如胳膊、长如锄把、浑身闪着鳞光的大蝮蛇，正像一股泉水一样从神像脚底下游出来。月光下，那家伙沿着墙根先往东，再折头往南，转眼之间，已来到铁人床前那个装蛇的布袋眼前，只轻轻一扬头，不知怎么一扭，袋口便开了。袋里的蛇一拥而出，很快悄无声息地消失在夜色中，老蛇这才不慌不忙地游到装鸡蛋的篮子前，开始静静地吞吃鸡蛋。

尽管事先早有心理准备，但看见这么大的蝮蛇在眼皮底下游来游去，我还是恐惧极了，整夜不敢合眼。第二天，我建议搬到山下农户家去住，铁人不屑地瞪了我一眼，没事似的说："真是女人家，胆小怕事！放心，今晚我就把它宰了。"

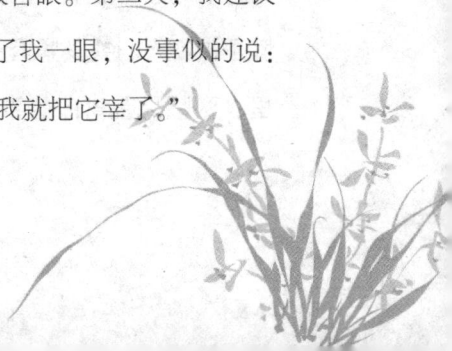

不一会儿，铁人跑到山下买回一篮鸡蛋吊在房梁上，又把随身带的一把剔骨尖刀打磨得雪亮。我知道铁人要对老蛇下手了，心里既紧张又兴奋。

入夜，我提心吊胆地等待着那簌簌的声音，无意中向房梁上的篮子望了一眼，突然觉得篮子好像比白天大了一圈。我以为自己眼花没看清，睁大眼使劲看，原来是那条老蛇早已神鬼不知地缠绕到篮子上去了，缠得既艺术又巧妙，不仔细看根本看不出来！我不动声色，借着月光把眼睛盯在那里，只见老蛇从篮子边沿悄悄伸进头去，一张嘴，将一个鸡蛋吞进肚里，脖颈下面清清楚楚地鼓出一个卵形包块。吞下几个蛋后，老蛇才扬起头准备沿绳子爬上房梁，可能是吞多了鸡蛋，它似乎有些力不从心，便重新转身向下，用尾巴绕紧篮子，脑袋和上半身像蜘蛛垂丝一样轻缓地垂下来，一个漂亮的软着陆，竟水银泻珠似的到达了地面。

就在老蛇刚刚掉过头摆动身子准备游向神龛的那一刹那，铁人突然"哇"地高叫一声从床上一跃而起，顺势从毯子下带出捕蛇的铁叉，我还没看清是怎么回事，那叉子已牢牢卡住了老蛇的颈脖。老蛇骤然受到攻击，先是本能地蜷缩一团，接着便开始剧烈地挣扎，粗壮的身子翻来滚去，扭得像麻花，强劲有力的尾巴噼噼啪啪击打着地面，打得地上尘土飞扬。老蛇的脖子被铁人的铁叉紧紧压在地上，嘴张得老大，粉红色的口腔里，两颗晶莹弯曲的毒牙和细长分叉的紫色舌头完全暴露出

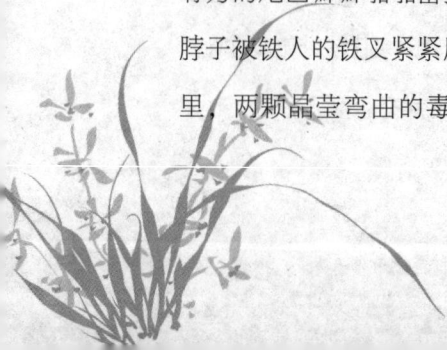

来，极为恐怖，那双圆圆的小眼，先是愤怒，再是灰白，最后，渐渐蒙上了一层绝望的云翳。

我恻隐之心大发，对铁人说："放了它吧，怪可怜的。"

铁人喘着粗气说："放？我稍一松手它就会给我一口，到时候可怜的就是我！"

我小声争辩道："它对我们好像并没有敌意……"

铁人吼道："废话！不惹它自然对你没有敌意；惹了它，它决不会放过你。不宰了它，我们在这里就没有安生日子过，更别说吃蛇肉！"

铁人一边吼一边用左手压住老蛇，腾出右手摸出剔骨刀，只见一道寒光闪过，就听"噗"的一声，老蛇的头与身子便分了家。

这一夜，老蛇那双愤怒而绝望的眼睛总是在我面前晃来晃去，我再也无法入睡。

第二天天刚蒙蒙亮，我忽然听到一声凄厉的惨叫，仿佛鬼嚎一般。我跟丈夫赶紧从床上一跃而起，就见铁人提着裤子在使劲甩脚——原来铁人起来小解，迷迷糊糊一脚正好踢在被他砍下的蛇头上，那蛇头竟就势咬了铁人的脚背！铁人大叫大喊要我们快救他，丈夫顺手操起桌上的剔骨刀插进蛇嘴，使出吃奶的力气左撬右撬，可折腾了半天，那蛇头纹丝不动，就像长在铁人脚上了。不一会，铁人的脚肿得发黑发紫，小腿也胀得像透明的冻萝卜，情急之下，我一把撕开铁人的裤管，从裤管

割下一块布条将铁人的大腿牢牢捆住，然后跑到山下叫来胡村长，扎了副简易担架救火似的急急忙忙把铁人往山外送。

因抢救及时，铁人总算保住了一条命。但他的那条右腿却丢了，而且，一直到那条腿锯下来，医生也没能从铁人脚上弄下那个蛇头。

打那以后，我再也不敢吃蛇肉了。一想到吃一种身首异处后仍可咬住人不放的动物，我就不寒而栗——那实在是太可怕了。我后来从动物学家那里得知，蛇头离开身体后，在一定时间内仍可存活，这是脊椎动物的本性。人做不到，但蛇可以。

不屈的警官

051

◎ （美国）爱德华·齐格勒

1986 年 5 月 27 日下午，纽约市 39 岁的警官凯尼恩·塔特希尔在长岛莫里奇斯区中心的雷尔罗德林荫大道执勤时，一辆迎面驶来的棕色小轿车的消声器发出的强烈噪音引起他的注意，他立刻发现车上所贴的行车检验证已过期失效，便叫司机停车。

"干吗拦住我?"司机怒吼道。塔特希尔上前检查了他的执照，得知他是个 23 岁的无业青年，名叫尼尔·路德维格森。但这执照也是张无效执照。于是他为这 3 点——有故障的消声器、过期的检验证和无效执照，给司机开了 3 张违章传票。路德维格森恼怒地说："你这个只会给人找麻烦!"塔特希尔平静地说，如果他得开车去工作，法官可给他办张有区限的执照。

"我不想见任何法官!"路德维格森怒吼道,"我要和你单独解决这事!"

已有 11 年警史的塔特希尔对违章司机的这类威胁已习以为常,所以当路德维格森驱车离去时,他并没意识到自己有何特别的危险。一个半小时后,塔特希尔将巡逻车停在一个商业区内,开始清理当天所开的传票。这时,一辆小轿车的消声器发出的强烈噪音打断了他的思路。他抬眼一看,发现路德维格森的棕色轿车正向他驶来。"这家伙要干什么?"他想,随即收好传票和钢笔。

转眼间那辆棕色轿车已开到他侧面,一支霰弹枪瞄准了他的头。他霍地趴下身子,同时挂上排挡并踩下油门。但不幸车轮向左拐了,砰一声撞上棕色轿车,停住了。

路德维格森刚好在撞车前跳出了车,并将枪瞄准了塔特希尔的脸。随着一声巨响,子弹射中了他的脸。

路德维格森逃走了。塔特希尔什么也看不见了,他摸索着找到发报机,想对它说话,却发不出一点声音,他的舌头已经碎了。他用手摸了下脸,发现鼻子、上颚、脸颊骨都不翼而飞。他竭力爬出了车,随后便倒在人行道上。

莫里奇斯消防部门的救护队长凯瑟琳·霍伊维尔原来是认识塔特希尔的,但当她随救护车赶到现场时,已完全辨不清他的面目,那张残缺的脸已是血肉模糊的一团。去医院的路上,他竭力保住残存的意识,向救护员示意他想写字。一名救护员

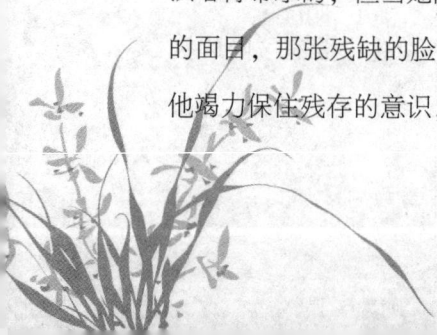

递来一本便笺簿，但他写出的字却无法辨认。"你是不是想写'传票'？"救护员问。他肯定地点点头。等救护车到达医院后，救护员将便笺薄转交给警方，指望他们能在他死前从他口中获悉一点信息。

塔特希尔被送进急救室时，听见有人说："他没救了。"这话使他想喊："我能活下去！"但他却说不出话。随后他听见老朋友——侦探埃德·费兰德雷在问："你能听见我说话吗，凯？"同时他把塔特希尔的手放在自己手上，说："按一下表示'是'，按两下表示'不'。"塔特希尔按了一下。"你知道谁开的枪吗？"

塔特希尔按了一下。通过一连串提问，侦探弄清了主要事实：枪击者是个驾驶一辆棕色小轿车的白种人。但还有些重要问题需查明。塔特希尔已记不清枪击者的姓名，只记得他的执照号码。他示意要来纸和笔，吃力地写下了"5900BAA"。

"这是那人的执照号码吗？"费兰德雷问。塔特希尔按了一下。"好了，朋友，"费兰德雷说，"我们会抓到那家伙的。"

与妻子凯西·塔特希尔相识是在詹姆斯波特的公理会教堂。当时他母亲是教会歌唱队队长，父亲是一所主日学校的教员。一天晚上，13岁的凯西·塔特希尔同16岁的凯尼恩互相调情，她不停踢他的小腿。此后不久他便向她求爱了。她爱上的这个人是个很有个性、与众不同的青年。读中学时他是很棒的摔跤手。后来他参加海军，当了副水手长。其后他考上纽约工学

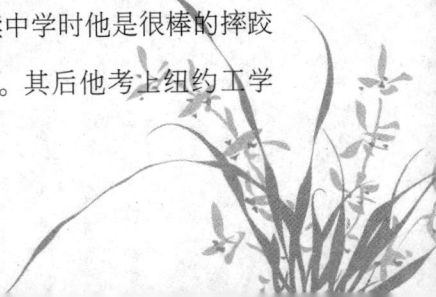

院，并以优异成绩毕业。他有辆心爱的哈利牌摩托，度蜜月时，他俩就乘这摩托去东北旅游。他一直神往当一名警官，可惜身高不够，比最低要求还差 1/4 英寸。于是他在体检时去求助于一个按摩脊柱治疗者。次日乘朋友的旅游车去体检时，他一直平躺在后座上。靠这个方法，他刚好量够了 5 英尺 7 英寸，竟通过了。

妻子在医院第一眼见到丈夫时，惊讶得僵住了。但随后她感觉到丈夫手上的力量，知道他有决心活下去。他会闯过来的，她想。他沉闷而费解的嗓音也表露出这决心。

在塔特希尔被送进手术室前，一名侦探来告诉他，路德维格森已被捕获。

医生发现，塔特希尔的整个面部结构全毁了，他的眼睛也因子弹炸裂而遭重创。在连续两个月的马拉松式的手术中，医生取他的肋骨重造了他的脸颊骨，并做了面部植皮手术。他残余的舌头缝合了起来，部分恢复了他的语言功能。

塔特希尔无时无刻不在和剧痛搏斗。他呼吸和吞咽都困难。没有上颚和牙齿，他只能吃软食。但年终将对路德维格森所作的审判鼓舞他克服这一切困难。他决心届时亲自出庭作证，让罪犯受到应有的惩罚。

当得知他视力的 98% 可能丧失时，这位顽强的警官也感到灰心失望了。这期间一名给他做手术的外科医生马克·斯维尔德洛夫开始来探访他。斯维尔德洛夫对他说，伤残无论最初是

多么令人无望，最终都是能被人克服的。

让身体恢复到能出庭作证的地步，已成为塔特希尔的主要目标。他的听力已恢复正常，但味觉和嗅觉却永远丧失了。他永远闻不到妻子身上的香水味儿了。同样使他痛苦的是，他最喜爱的业余消遣——骑他的哈利牌摩托，恐怕也一去不复返了。

1986 年 12 月，当地法庭对路德维格森蓄意凶杀案作了公审。当塔特希尔出现在证人席上时，全场一片静寂。陪审员全被他的到场所震惊了。尽管他手术后已部分恢复面容，但仍然没有上颚、硬腭和牙齿，说话也十分难懂。但他的证词仍然给全场人留下极深的印象。陪审团从各个方面都发现路德维格森罪证确凿，最后法庭判处他 25 年徒刑，而且，在直到 2011 年的刑期内，罪犯不得以任何理由获得假释。

这判决给了塔特希尔莫大安慰，但几天后，随着生活目标的突然消失，他很快陷入了极度的情绪低沉。他对碰到的每个人都无端地发火。一天下午，他独自呆在家时，摸索着走遍了 8 个房间，把找到的所有镜子都砸得粉碎。他处于一种极度疯狂的状态，甚至想以自杀了结一生。

过了很长时间，他才从极度消沉中慢慢恢复过来。他开始使用拐棍和导向狗，这样就免得总由妻子搀扶着行走。

一天，塔特希尔决定参加当地警察局即将举行的警官考试。在 8 个月时间里，他在妻子帮助下拼命学习，最终在 600

名考生中获得第 26 名的好成绩。

塔特希尔此后又经历了 4 次重大手术。他的右脸颊和右眼窝做了修复术，鼻腔也做了再造术，这使他呼吸和吞咽都容易多了。他的右脚腓骨被切取用于再造新的上颚、硬腭和脸颊骨，腓骨肌则用于重造软腭。到春天时，他的嘴 6 年来第一次能够自由地张闭了。

一个秋天的早晨，塔特希尔起床后来到阳台上，这时公路上传来一辆哈利牌摩托沙哑的轰鸣声。他听出那骑者刹住了摩托，显然是在等红灯过去。他不由生出联翩幻想，仿佛自己在驾着摩托，在把玩他深谙的各种绝技。他感到仿佛有某种力量在召唤他，催他向未来的生活迈进。当那辆哈利牌摩托再次驱动，逐渐远去时，他感到自己身上的某些也随之而去了。"我感到怨恨、愤怒和忌妒都随之离开了我，代之而生的是一种再次成为骑士的冲动，"他在为当地报纸撰文时这样写道，"斯维尔德洛夫医生说得对，任何损失和伤残，不论最初是多么巨大和令人痛苦，最终都能够被人克服。"

一次生死攸关的自我拯救手术

◎ 佚 名

埃利亚恩·波特沃斯是黎巴嫩首都贝鲁特一家医院的一名外科医生，他医术高明，做过很多成功的手术，挽救了无数人的生命，但他做梦也未曾想到，有一天，他要为自己做手术，而且是一次生死攸关的拯救自己生命的手术。

今年4月的一天，35岁的波特沃斯正在他那位于郊区的房子里休假，那天只有他一个人在家，他的3个孩子都上学去了，妻子也在城里上班。

上午9点多钟，他看完当日的报纸，正准备到花园里去走走，突然感到下腹部隐隐作痛，一开始他并不在意，可疼痛的感觉却越来越强烈，凭着自己丰富的医学经验，他知道一定是阑尾炎发作。

于是，波特沃斯吃了点止痛药，想躺在床上休息一会，可

疼痛不但未消失，反而变得更强烈，他在床上翻来覆去，床单都被汗水浸湿了。不好，是急性阑尾炎！必须赶紧上医院做手术！波特沃斯这才意识到问题的严重性。

最近的医院离波特沃斯的家大约有 20 公里，波特沃斯本想叫急救车，但他转念一想，这个城市的急救系统向来行动缓慢，等到急救车来到他家再将他送到医院，不知要花费多少时间。还不如自己驾车直接去医院，何况，现在已经是上午 10 点，并不是车流高峰，快的话几分钟就到了。

波特沃斯挣扎着从床上爬起来，发现自己还没有疼到完全不能行动，于是，他又吃了几片止痛药，来到车库，启动汽车上路了。

汽车在通往城区的公路上疾驶，波特沃斯强忍着剧痛，全神贯注地掌握着方向盘，实在疼痛难忍时，他便一只手握紧方向盘，一只手按着下腹部，他将油门踩到最大，快速超过了一辆又一辆车，也顾不了什么交通规则了。他想，自己情况特殊，即使警察也会原谅他开快车的。

然而，一件意想不到的事出现了，当汽车距离医院还有 6 公里时，交通突然堵塞了，前方各种车辆将道路堵了个水泄不通，不一会，后面的车辆又跟上来，将波特沃斯的汽车夹在中间，使他寸步难行，进退不能。

本来，在贝鲁特，堵车是常有的事，不过，在波特沃斯行驶的这条马路上一般还很少堵车。此刻，这名外科医生心想，

也许过不了一会道路就会畅通的。可令他想不到的是，这次堵车是由一起可怕的交通事故引起的，一辆小汽车和一辆卡车迎面相撞，从而将道路堵死了……

强忍着剧痛，焦急不安的波特沃斯用手机接通了医院，让有关医护人员事先做好手术的准备，而他自己则只有坐在汽车里干着急。

可是，一分钟过去了，两分钟过去了，整整半个小时过去了，车流依然没有一点移动的迹象，波特沃斯感到自己已经快要支持不住了，下腹部一阵阵痉挛般地剧痛，豆大的汗珠顺着脸颊滑落下来。突然，他感到下腹部仿佛有一根烧红的铁棒塞在那儿，这名经验丰富的外科医生知道，因感染而膨胀的阑尾现在已经到了极限，随时都有可能穿孔，如果一旦阑尾穿孔，其毒素将会迅速进入腹部其他器官，到那时就一切都晚了，他将面临着生命危险。

怎么办？堵车仍在继续，时间正在一秒一秒地过去，不，决不能这么等死！

在这紧急关头，这名勇敢的医生作了一个前所未有的大胆的决定：就在汽车上自己给自己动手术！

要是在手术条件具备的医院里，割阑尾是个只需十几分钟的简单的手术，一般医学院实习生做的第一个手术就是割阑尾，可现在是在根本没有手术条件的汽车上。没有消毒设备，没有麻醉药，没有缝合针线，波特沃斯所有的只是小汽车上必备的简易急救箱。箱子里能够派上用场的只有一把从未用过的

手术刀，几把止血钳，一点医用酒精、棉球和纱布，就靠着这点可怜的工具，本身已经精疲力竭、病情危急的波特沃斯将要进行一场史无前例的手术。

主意已定，波特沃斯鼓足勇气，从汽车后座中取出急救箱，然后将座位尽量调低，让自己尽可能后仰。接着，他咬咬牙，拿出了那把从未使用过的手术刀，钻心的疼痛又一次袭来，波特沃斯觉得自己快要虚脱了：事不宜迟，开始吧！波特沃斯默默地对自己说。

在汽车上，波特沃斯倒是省却了手术前的所有准备工作。他脱下了衣服，只是简单地用酒精棉球擦了擦腹部及双手，然后咬紧牙关，用手术刀对准自己的右下腹。他是个熟练的外科大夫，即使闭着眼都能找到阑尾所在的位置。他迅速在肚皮上划了一个十字切口，鲜血顿时涌了出来，他赶紧用仅有的几把止血钳将几个大血管夹住，随后用纱布捂在周围，手术切口及阑尾的剧痛一并向他袭来，他想大喊，但唯恐吓着周围车上的人。在他的一只手终于摸到那个已肿胀到了极点的阑尾后，另一只操刀的手则极其熟练地将它割了下来。他在做这一切的时候，仿佛是在给别人做手术，而不是他自己。

仅仅只有几分钟的时间，像泉水一样涌出的鲜血已经染红了他的全身，流到汽车座位上，流到了底板上，此刻，整个汽车前座位上都是鲜血。如果此刻谁碰巧从车窗外看到这一可怕的景象，他们一定会认为这是一个失去理智的人在自残。

波特沃斯终于在没有任何麻醉措施的情况下将阑尾割掉了，当他做完这一切后，他知道现在关键的问题是止血。

波特沃斯感到阵阵晕眩，他知道自己已经严重失血，随时都有昏迷的危险。他竭力让自己保持清醒，他一遍又一遍地对自己说：一定不能失去意识，一定不能失去意识，否则就再也醒不过来了。

也许上帝并不想将一个人逼入绝境。正在这时，前面的车队开始移动了，波特沃斯一手捂着伤口上的纱布，一手握紧方向盘，脚踩油门，汽车又开始向前驶去。

终于，医院到了，波特沃斯的车在越过一个台阶后才戛然刹住。他用最后一丝力气按响了喇叭。急救人员抬着担架冲了出来，他们并未意识到情况有多么糟糕，可当他们打开车门时，看到的却是一个恐怖的"血人"。

惊讶不已的医护人员迅速将他抬到手术室，一个由5名医护人员组成的抢救小组开始了工作。他们首先为波特沃斯输血、输氧，然后为他清洗伤口，他们发现，尽管波特沃斯是在极其特殊的情况下为自己做的手术，但他的手术仍做得干净利落。最后，他们又为他缝合了伤口，将这个勇敢的外科医生在汽车上没条件做的工作做完了。

生命如一泓清水

◎ 俞敏洪

生命如一泓清水，源头处没有一点污染。童年的我们无忧无虑，笑容灿烂，生活就像水晶般透明，没有任何苦涩的内容。

生命如一泓清水，青年时的我们如成势的水流，不希望有岸的存在。童年对我们已经不再具备吸引力，我们渴望尽快长大，渴望走上离开家乡的路，走出地平线，去寻找生活，寻找爱情，寻找值得终生追求的事业；我们渴望像水一样流动，流出父母的怀抱，流出家庭的羁绊，流入一片陌生的天地，感受一片陌生的心情；我们渴望生命的奇迹，渴望那个终身相守的人在某一个地方等待，渴望和我们所爱的人合二为一，像两股清水，融合得了无痕迹。

生命如一泓清水，我们以为这个世界像我们一样清澈，一

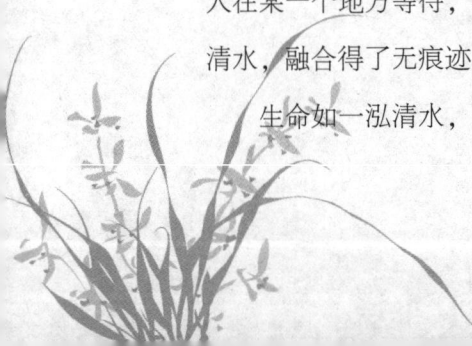

头扎进去，才发现所到之处和我们想象的不一样，其中有清流、也有浊流；有暗流、也有激流……我们常常不由自主地被裹挟着向前流动，或平缓，或湍急，流到什么地方连我们自己都不知道。有时我们能够保存一泓清水的情怀，很多痛苦和迷茫之后，仍然留住了一份高洁；有时我们会失去自己的本色，变得浑浊、激荡，有时甚至会同流合污，完全迷失了自己。

生命如一泓清水，不流动就会腐臭。有的人在经历了各种挫折和打击后，开始失去梦想，失去勇气，失去对未来的追求和对生命的激情。青春从他们脸上流逝的同时，也从他们的内心湮灭。他们不再相信自己、相信未来，而相信未来却是青春存在的唯一标志。就像诗人所说的那样："即使蜘蛛网无情地查封了炉台，即使灰烬的余烟叹息着贫困的悲哀，我们依然要坚定地相信未来，相信不屈不挠的努力，相信战胜死亡的年轻。"如果没有对未来的期待，生命就会变成一潭死水。在现实生活中，很多人不愿面对挑战，把自己封闭起来，停止了流动，就此慢慢老去。他们屈服于停滞的生活，屈服于命运可怜的安排，日复一日地重复着同样的工作、语言和思想。平庸的生活使他们失去锐气，不再探索外面世界的精彩，也丧失了灵魂深处对于伟大的崇拜。表面上他们也许平静祥和，与世无争，但是一潭不流动的水，久而久之就会生出绿锈，变得腐臭。生命对他们来说已经不再是一泓清水，没有了童年的晶莹剔透，没有了青年的渴望追求，他们在腐臭中享受着腐臭的快

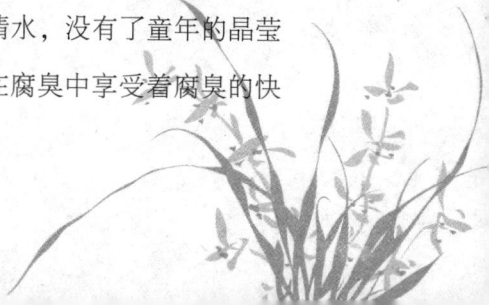

感，躯体虽存，灵魂已死。

生命如一泓清水，不管经历多少苦涩，我们都不应该变得胆怯。胆怯会成为封闭生命的堤岸，使心灵失去对自由的向往。只要不自我封闭，只要勇敢向前，没有什么能够阻挡我们对自由的向往，没有什么能够阻挡我们对美好生活的追求，也没有什么能够阻挡我们走遍天涯海角的梦想。

生命是一泓清水，我们要让它流动，打开心灵的堤岸，融入溪流，汇入大江，奔腾入海。也许我们会变得浑浊，也许会被暗礁撞得遍体鳞伤，但我们的生命将奔腾不息，变成大海不可分割的一部分，在浩荡之中再次变得清澈，变得博大，变得宽阔无边。在阳光的照耀下，我们的生命将会进一步升华：我们可以升腾为天上的云，迎着风在天空中自由地飘荡；我们可以化作雨露，给干涸的土地以绿色的希望，渗透在每一个生命的成长之中；我们可以再次融入溪流，汇入大江，奔腾入海……如此周而复始，我们将给生命一次次无尽的梦想，经历一次次惊喜的旅程。最后，我们的生命将变成世间万物的一部分，生生不息。

生命如一泓清水，让我们保持水的清澈，水的活力，水的自由，还有水的生命。

生命是美丽的

◎ 李永康

举目远眺，没有绿色，天是黄的，地是黄的，路两边的蒿草也是焦黑的。

尽管来这个地方之前，我有充分的心理准备，可眼前的景象还是让我大吃一惊。最难的是给乡村孩子们上课。书上好多外面世界的精彩，他们闻所未闻。一些新鲜的词汇，我往往旁征博引设喻举例讲得口干舌燥，他们却是一脸陌生。

有一天上自然课讲到鱼，我问同学们鲫鱼和鲤鱼的区别，他们一个个都摇头。他们压根儿就没走出过大山见到过鱼呀！我和学校领导商量，买几条回来做活体解剖，校领导露出一脸难色。我只好借了辆自行车利用星期天骑了三十多里路到一个小镇上自掏腰包买了几条回来。

那节课，同学们高兴得像过节一样，我却流下了热泪。

听当地的老师讲，这里的学生有个最大的缺点，就是上课爱迟到。但开学两个月来，我教的班还未发现过这样的现象。为此，我非常得意。我当年读初中的时候，不喜欢哪位老师的课，就常常采取这种极端的行为来"报复"。虽然最终受伤害的是我，我当时就是不明白。现在我也为人师表了，如果我的学生这样对待我，我又作何感想呢？

世界上的事就是怪，不想发生的事偏发生了。我把那位迟到的学生带到办公室了解情况。原来他家离学校有二十多里路，他如果要准时到校的话，早晨5点钟就得起床，还要摸黑走上十几里山路。夏天还可以对付，可眼下是深冬——寒风刺骨。我要求他住校。他说他回家和父母说说。第二天，他却没来上课。我非常着急，找了个与他家相隔几个山头的同学去通知他，他还是没来。

我在当地老乡的带领下，来到了他家。忽然间，家徒四壁这个成语从我的记忆深处冒了出来。面对他的父母，我哽咽着对他说，老师不要求你住校，只要你每天坚持来上课就行。离开他家的时候，他父母默默地把我送过好几道山梁。

出乎意料的是，家访的第二天，他居然背着被褥来到学校。我心里非常激动。可没隔几天，他又不来上课了。

我再次来到他家里。他父母告诉我，说他小时候常患病，身体弱，有尿床的坏毛病，他怕在学校尿床被同学笑话。

我问他想不想走出大山。

他说，想。

我说，要走出大山就得好好读书。

他抹着眼泪点点头。

我说，相信老师，老师会帮助你的。

这个冬天，每天早晨等上课铃响过后，我和另一位老师换着去查他的被褥。如果是湿的，我们就悄悄地拿到自己的寝室里烘干。

做这些工作，我们既是在尽责任，更是凭良知。坦率地说，我心里也有过埋怨：这个学生从来就没有当面向我说过半个谢字——想到这一点我就脸红——我是不是太自私、太虚荣、太渴望回报了呢？

一件事净化了我的灵魂。

我知道山村孩子的渴求，他们需要知识，更需要做人的道理。

课外活动时，我尝试着给他们读一些脍炙人口的诗篇："风雨沉沉的夜里/前面一片荒郊/走尽荒郊/便是人们的道/呀，黑暗里歧路万千/叫我怎样走好/上帝！快给我些光明吧/让我好向前跑/上帝说：光明/我没处给你找/你要光明，你自己去造！"

一双双纯洁晶亮的眼睛盯着我。我又声情并茂地朗读着穆旦的《理想》："没有理想的人像是草木/在春天生发，到秋日枯黄/没有理想的人像是流水/为什么听不见它的歌唱/原来它

已为现实的泥沙/逐渐淤塞，变成污浊的池塘……"

下课后，同学们都围过来，要我把诗集借给他们传抄。我既高兴又担心。

又上活动课，我看了他们摘抄的诗，有的抄了顾城的《一代人》，有的摘录了惠特曼的《自己之歌》，有的摘录了穆旦的《森林之魅》。我心里充满了喜悦。

那尿床的学生却写了这样一句话：老师，你让我懂得了这样一个道理：生命是美丽的！

霎时，我的眼泪夺眶而出。

改变一生的闪念

◎ 李阳波

那是一个老师告诉我的故事，至今仍珍藏在心里。

多年前的一天，这位老师正在家里睡午觉。突然，电话铃响了，她接过来一听，里面却传来一个陌生粗暴的声音："你家的小孩偷书，现在被我们抓住了，你快来啊！"在话筒里传来一个小女孩的哭闹声和旁边人的呵斥声。

她回头看着正在看电视的唯一的女儿，心中立即就明白过来，肯定是有个女孩因为偷书被售货员抓住了，又不肯让家里人知道，所以就胡编了一个电话号码，却碰巧打到这里。

她当然可以放下电话不理，甚至也可以斥责对方，因为这件事和她没任何关系。

但自己是老师，说不定她就是自己的学生呢？

通过电话，她隐约可以设想出，那个一念之差的小女孩，

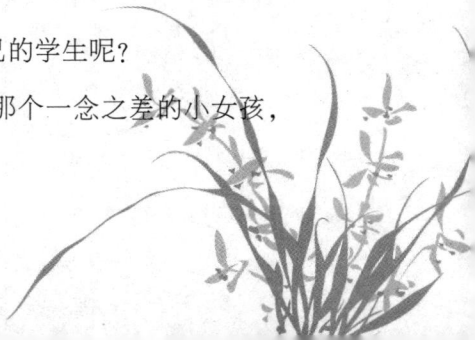

一定非常惊慌害怕，也许正面临着人生中最尴尬的境地。

犹豫了片刻之后，她问清了书店的地址，匆匆忙忙赶了过去。

正如她预料的那样，在书店里站着一位满脸泪痕的小女孩，而旁边的大人们，正恶狠狠地大声斥责着。

她一下子冲上去，将那个可怜的小女孩搂在怀里，转身对旁边的售货员说："有什么事就跟我说吧，我是她妈妈，不要吓着孩子。"

在售货员不情愿的嘀咕声中，她交清了 28 元的罚款，才领着这个小女孩走出了书店，并看清了那张被泪水和恐惧弄得一塌糊涂的脸。

她笑了起来，将小女孩领到家中，好好清理了一下，什么都没有问，就让小女孩离开了。临走时，她还特意叮嘱道，如果你要看书，就到阿姨这里，阿姨有好多书呢。

惊魂未定的小女孩，深深地看了她一眼，便飞一般地跑掉了，从此便再也没有出现。

多年以后，她早就忘记了这件事，依旧住在这里，过着安稳的生活。

有一天中午，门外响起了一阵敲门声。当她打开房门后，看到了一位年轻漂亮的陌生女孩，露着满脸的笑容，手里还拎着一大堆礼物。

"你找谁？"

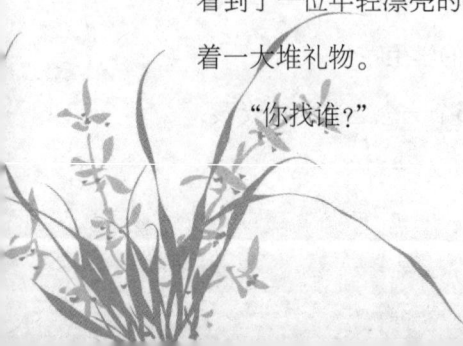

她疑惑地问着，但女孩却激动地一句话也说不出来。

好不容易，她才从那陌生的女孩的叙述中恍然明白，原来她就是当年的那个偷书的小女孩，刚从某名牌大学毕业，已找了份令人羡慕的工作，现在特意来看望自己。

女孩眼睛泛着泪光，轻声说道："当年情急之下的那个电话，幸亏打到您的家里。虽然我至今都不明白，你为什么愿意充当我的妈妈，解脱了我，但这么多年来，我一直想着一桩心愿：喊您一声'妈妈'。"话音刚落，女孩已泪流满面。

老师的眼睛也开始模糊起来，她有些好奇地问道："如果我不帮你，会发生怎样的结果呢？"女孩的脸上立即变得忧郁起来，轻轻摇着头说："我说不清楚，也许就会去做傻事，甚至去死。"

老师的心猛地一颤。

望着女孩脸上幸福的笑容，她也笑了。

072

我很重要

◎ 毕淑敏

当我说出"我很重要"这句话的时候，颈项后面掠过一阵战栗。我知道这是把自己的额头裸露在弓箭之下了，心灵极容易被别人的批判洞伤。许多年来，没有人敢在光天化日之下表示自己"很重要"。我们从小受到的教育都是——"我不重要"。

作为一名普通士兵，与辉煌的胜利相比，我不重要。

作为一个单薄的个体，与浑厚的集体相比，我不重要。

作为一位奉献型的女性，与整个家庭相比，我不重要。

作为随处可见的人的一分子，与宝贵的物质相比，我们不重要。

我们——简明扼要地说，就是每一个单独的"我"——到底重要还是不重要？

我是由无数星辰日月草木山川的精华汇聚而成的。只要计

算一下我们一生吃进去多少谷物，饮下了多少清水，才凝聚成一具美轮美奂的躯体，我们一定会为那数字的庞大而惊讶。平日里，我们尚要珍惜一粒米、一叶菜，难道可以对亿万粒菽粟，亿万滴甘露濡养出的万物之灵掉以丝毫的轻心吗？

当我在博物馆里看到北京猿人窄小的额和前凸的吻时，我为人类原始时期的粗糙而黯然。他们精心打制出的石器，用今天的目光看来不过是极简单的玩具。如今很幼小的孩童，就能熟练地操纵语言，我们才意识到已经在进化之路上前进了多远。我们的头颅就是一部历史，无数祖先进步的痕迹储存于脑海深处。我们是一株亿万年苍老树干上最新萌发的绿叶，不单属于自身，更属于土地。人类的精神之火，是连绵不断的链条，作为精致的一环，我们否认了自身的重要，就是推卸了一种神圣的承诺。

回溯我们诞生的过程，两组生命基因的嵌合，更是充满了人所不能把握的偶然性。我们每一个个体，都是机遇的产物。

常常遥想，如果是另一个男人和另一个女人，就绝不会有今天的我……

即使是这一个男人和这一个女人，如果换了一个时辰相爱，也不会有此刻的我……

即使是这一个男人和这一个女人在这一个时辰，由于一片小小落叶或是清脆鸟啼的打搅，依然可能不会有如此的我……

一种令人怅然以至走入恐惧的想象，像雾霭一般不可避免

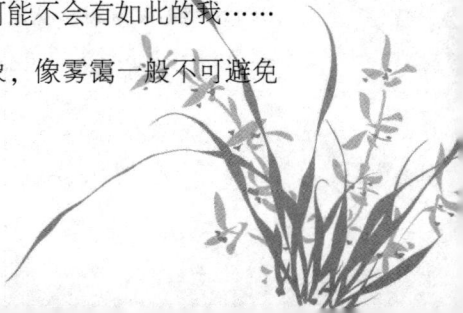

地缓缓升起，模糊了我们的来路和去处，令人不得不断然打住思绪。

我们的生命，端坐于概率垒就的金字塔的顶端。面对大自然的鬼斧神工，我们还有权利和资格说我不重要吗？

对于我们的父母，我们永远是不可重复的孤本。无论他们有多少儿女，我们都是独特的一个。

假如我不存在了，他们就空留一份慈爱，在风中蛛丝般飘荡。

假如我生了病，他们的心就会皱缩成石块，无数次向上苍祈祷我的康复，甚至愿灾痛以十倍的烈度降临于他们自身，以换取我的平安。

我的每一滴成功，都如同经过放大镜，进入他们的瞳孔，摄入他们心底。

假如我们先他们而去，他们的白发会从日出垂到日暮，他们的泪水会使太平洋为之涨潮。面对这无法承载的亲情，我们还敢说我不重要吗？

我们的记忆，同自己的伴侣紧密地缠绕在一处，像两种混淆于一碟的颜色，已无法分开。你原先是黄，我原先是蓝，我们共同的颜色是绿，绿得生机勃勃，绿得苍翠欲滴。失去了妻子的男人，胸口就缺少了生死攸关的肋骨，心房裸露着，随着每一阵轻风滴血。失去了丈夫的女人，就是齐斩斩折断的琴弦，每一根都在雨夜长久地自鸣……面对相濡以沫的同道，我

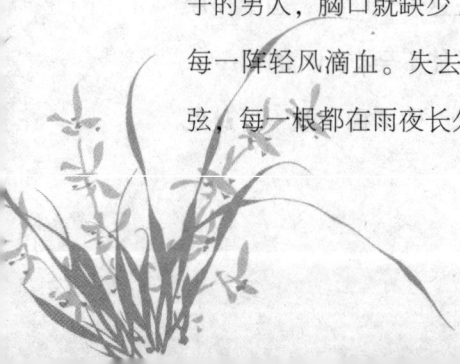

们忍心说我不重要吗？

俯对我们的孩童，我们是至高至尊的唯一。我们是他们最初的宇宙，我们是深不可测的海洋。假如我们隐去，孩子就永失淳厚无双的血缘之爱，天倾东南，地陷西北，万劫不复。盘子破裂可以粘起，童年碎了，永不复原。伤口流血了，没有母亲的手为他包扎。面临抉择，没有父亲的智慧为他谋略……面对后代，我们有胆量说我不重要吗？

与朋友相处，多年的相知，使我们仅凭一个微蹙的眉尖、一次睫毛的抖动，就可以明了对方的心情。假如我不在了，就像计算机丢失了一份不曾复制的文件，他的记忆库里留下不可填补的黑洞。夜深人静时，手指在揿了几个电话键码后，骤然停住，那一串数字再也用不着默诵了。逢年过节时，她写下一沓沓的贺卡。轮到我的地址时，她闭上眼睛……许久之后，她将一张没有地址只有姓名的贺卡填好，在无人的风口将它焚化。

相交多年的密友，就如同沙漠中的古陶，摔碎一件就少一件，再也找不到一模一样的成品。面对这般友情，我们还好意思说我不重要吗？

我很重要。

我对于我的工作我的事业，是不可或缺的主宰。我的独出心裁的创意，像鸽群一般在天空翱翔，只有我才捉得住它们的羽毛。我的设想像珍珠一般散落在海滩上，等待着我把它用金

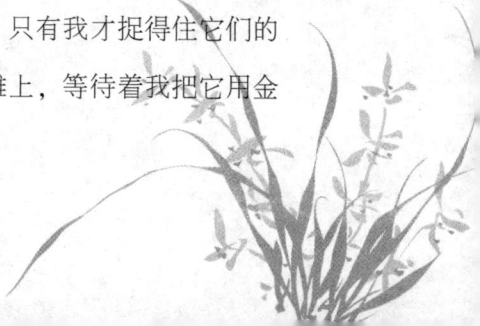

线串起。我的意志向前延伸，直到地平线消失的远方……没有人能替代我，就像我不能替代别人。我很重要。

我对自己小声说。我还不习惯嘹亮地宣布这一主张，我们在不重要中生活得太久了。我很重要。

我重复了一遍。声音放大了一点。我听到自己的心脏在这种呼唤中猛烈地跳动。我很重要。

我终于大声地对世界这样宣布。片刻之后，我听到山岳和江海传来回声。

是的，我很重要。我们每一个人都应该有勇气这样说。我们的地位可能很卑微，我们的身份可能很渺小，但这丝毫不意味着我们不重要。

重要并不是伟大的同义词，它是心灵对生命的允诺。

人们常常从成就事业的角度，断定我们是否重要。但我要说，只要我们在时刻努力着，为光明在奋斗着，我们就是无比重要地生活着。

让我们昂起头，对着我们这颗美丽的星球上无数的生灵，响亮地宣布——

我很重要。

父亲给孩子的备忘录

◎ 梁继璋

我儿：

写这备忘录给你，基于三个原因：

（一）人生福祸无常，谁也不知可以活多久，有些事情还是早点说好。

（二）我是你的父亲，我不跟你说，没有人会跟你说。

（三）这备忘录里记载的，都是我经过惨痛失败得回来的体验，可以为你的成长省回不少冤枉路。

以下，便是你在人生中要好好记住的事：

（一）对你不好的人，你不要太介怀，在你一生中，没有人有义务要对你好，除了我和你妈妈。至于那些对你好的人，你除了要珍惜、感恩外，也请多防备一点，因为，每个人做每件事，总有一个原因，他对你好，未必真的是因为喜欢你，请

你必须搞清楚，而不必太快将对方看作真朋友。

（二）没有人是不可代替的，没有东西是必须拥有的。看透了这一点，将来你身边的人不再要你，或许失去了世间上最爱的一切时，也应该明白，这并不是什么大不了的事。

（三）生命是短暂的，今日还在浪费着生命，明日会发觉生命已远离你了。因此，愈早珍惜生命，你享受生命的日子也愈多，与其盼望长寿，倒不如早点享受。

（四）世界上并没有最爱这回事，爱情只是一种霎时的感觉，而这感觉绝对会随时日、心境而改变。如果你的所谓最爱离开你，请耐心地等候一下，让时日慢慢冲洗，让心灵慢慢沉淀，你的苦就会慢慢淡化。不要过分憧憬爱情的美，不要过分夸大失恋的悲。

（五）虽然，很多成功人士都没有受过很多教育，但并不等于不用功读书，就一定可以成功。你学到的知识，就是你拥有的武器。人，可以白手兴家，但不可以手无寸铁，谨记！

（六）我不会要求你供养我下半辈子，同样我也不会供养你的下半辈子，当你长大到可以独立的时候，我的责任已经完结。以后，你要坐巴士还是奔驰，吃鱼翅还是粉丝，都要自己负责。

（七）对人要好，但不能期待人家对你好。你怎样对人，并不代表人家就会怎样对你，如果看不透这一点，只会徒添不必要的烦恼。

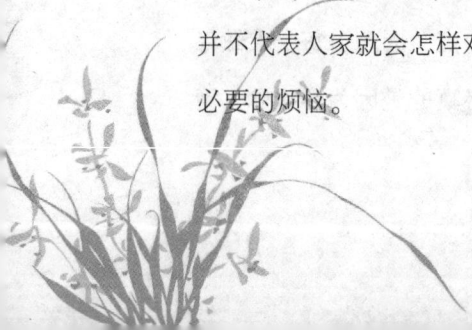

（八）我买了十几二十年六合彩，还是一穷二白，连三奖也没有中，这证明人要发达，还是要努力工作才可以，世界上并没有免费午餐。

（九）亲人只有一次的缘分，无论这辈子我和你会相处多久，也请好好珍惜共聚的时光；下辈子，无论爱与不爱，都不会再见。

你的爸爸

一次喝彩，改变了他的一生

◎ 洪 玉

美国医学博士弗雷德·J·爱泼斯坦，是纽约大学医疗中心儿童神经外科主任，世界第一流的脑外科权威之一。他首创了不少高难度外科手术——包括切除脊柱和脑血管上的肿瘤（在他以前，这两种肿瘤都被认为是无法开刀的）。然而，令人难以置信的是，这样的一位卓有成就者，在校求学时，却曾是一名有着严重学习障碍的学生。

爱泼斯坦博士在他的回忆录《我曾是智障者》一文里，讲述了自己求学的经历。他最不能忘怀的是他上五年级时遇到的一位名叫赫伯特·默菲的老师。由于生理原因，爱泼斯坦遭遇了严重的学习障碍，尽管他尽了自己最大的努力，可仍不断遭受挫折和失败。他自认比别人"笨"，就退却消沉，并开始装病逃学。默菲老师没有因爱泼斯坦的"笨"而轻视他，相反，

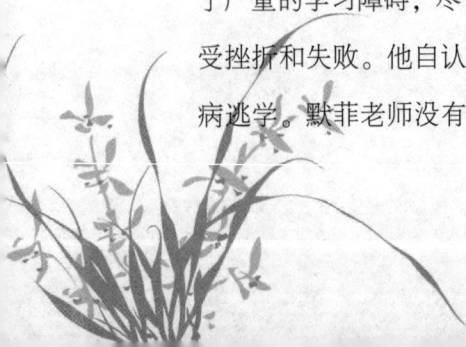

还满腔热情地鼓励他。有一天课后，老师把爱泼斯坦叫到一边，将他的一张考卷递给他。那上面，爱泼斯坦的答案都错了。"我知道你懂得这些题目，为什么我们不再来一次呢？"老师挨个问考卷原题让爱泼斯坦回答。爱泼斯坦每答完一道题，他都微笑着说："答得对！你很聪明，我知道你其实懂得这些题目。我相信你的成绩会好起来的。"他还一边说一边把每一道题都打上勾。

默菲老师在爱泼斯坦的成长中起了多大的作用，我们无法估量。有一点可以肯定，如果换一个老师，只知指责爱泼斯坦不努力，或干脆把他视为差生斥为"蠢笨"，也许，未来的医学奇才就夭折在他的手里了。正是赫伯特·默菲的赞扬和鼓励，激发了爱泼斯坦的自信心，他才告别了绝望，倔强地与命运抗争，不再认输，不再懈怠，终于完成了正常人也难以完成的学业，成了医学博士。

"你很聪明，我知道你懂得这些题目的"，一句喝彩，扬起了一位少年的奋进之帆。喝彩能驱除消沉者心灵的阴霾，使他们看到生活的美丽，看到希望的绚烂；喝彩能消融自卑者心灵的雾障，使他们信心百倍勇气陡增。一次小小的喝彩，甚至能改变人的一生！

黑格尔在《生活的哲学》里讲述了这样一则故事：一个被执行死刑的青年在赴刑场时，围观人群中有个老太太突然冒出一句："看，他那金色的头发多么漂亮迷人！"那个即将告别

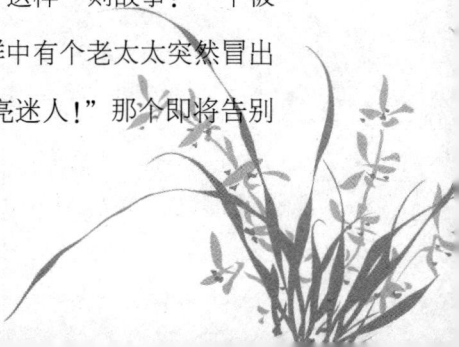

人世的青年闻听此言，朝老太太站的方向深深地鞠了一躬，含着泪大声地说："如果周围多一些像你这样的人，我也许不会有今天。"

青年死刑犯的话令人深思。一个人老是生活在别人的指责轻视甚至鄙夷里，往往是要么心灵泯灭自甘平庸，要么是心灵变态，仇视他人和社会！而富有爱心的人饱含善意的喝彩，则能引导人走上人生正途。

也许就是你的一次小小的喝彩，世界就多了一份亮丽！

一 撮 黏 土

◙ （美国）戴可

从前在一条河边有这么一撮黏土。说来它也不过是最普普通通的黏土，质地粗拙；不过它对自己的价值却看得很高，它对自己在世界上所可能占有的地位怀有奇特的想象，认为只要能得到机会，自己的美德一定会被人们发现。

在这撮黏土的头顶上，明媚的春光里，树木正在交头接耳，讲述着当纤细的花儿和树叶开始绽放、林中一片澄澈碧绿时，它们身上所闪耀的无尽光辉，那种景象就如无数红绿宝石粉末所形成的朵朵彩云，轻轻地漂浮在大地之上。

花儿们看到这种美景，非常惊喜，它们在春风的吹拂下探头欠身，互相祝贺："姐妹们，你们多么可爱啊，你们真是给白日增添了许多光辉啊。"

河水也因为新力量的加入而感到高兴，它沉浸在水流重聚

的喜悦之中，不断地用美好的音调向河岸低语，倾诉着自己是如何挣脱冰雪的束缚，如何从积雪覆盖的群山奔流跑到这里，以及它匆忙前往担负的重任——许多水车的轮子等着它去推动，巨大的船舶等着它去运送至大海。

那黏土懵懵懂懂地在河床上等待着，不停地用各种远大理想来自我安慰。"我的时运定将来到，"它说，"我不可能长久被埋没在这里。世间的光彩、荣耀，在一定的时候，肯定会降临到我的头上。"

有一天，黏土发现自己的位置被挪动了，它已经不呆在原来长期等候的地方了。它被一个铲土的铁铲挖了起来，然后和别的泥土一起被装在一辆车上，沿着一条似乎非常坎坷的铺着石块的路，被运到了一个遥远的地方。但是它没有害怕，也没有气馁，而只是在心里暗想：这是必要的步骤，因为通往光荣的道路总是崎岖不平的。现在，我就要到世上去完成我那重大的使命了。

虽然这段路非常艰辛，但是比起后来所经受的种种痛苦和折磨却算不了什么。黏土被抛进一个槽子里面，然后经过一番掺和、捶打、搅拌和脚踩，那过程真是苦不堪言。但是一想到某种美好崇高的事物一定会从这一番历练中产生出来，它就感到释然。黏土坚信，只要有足够的耐心去等待，总有一天它会得到回报。

接下来，它被放到一只快速旋转着的转盘上旋转起来，那种感觉就像自己就要被甩得粉身碎骨了。在旋转之中，似乎有一种神力把它紧紧地揉捏在一起，因此虽然它经历了头晕目眩的痛苦，但它觉着自己已经开始变成一种新的形状。

然后它被一只陌生的手放进了炉灶，周围有熊熊烈火在燃烧——真是痛心刺骨——灼热的程度比盛夏时节河边的太阳还要厉害很多。不过黏土始终十分坚强、经受了这一切考验，挺了过来，并且对自己的伟大前途依然坚信不疑。它想：既然他们对我下了这么大的工夫，那我肯定会有一番美好前程的。看来我如果不是去充当庙堂殿宇里的华美装饰，便是成为帝王几案上的珍贵的花瓶。

最后烘焙完毕。黏土被从炉灶中取了出来，放置在一块木板上面，让它在晴空之下、凉风之中去慢慢冷却。既然经历了一番磨难，那离得到回报的日子也就不远了。

木板之旁便有一泓潭水，水不深也不清，但水面上却波纹平静，能把潭边的事物如实地反映出来。当黏土被人从板上拿起来时，它终于第一次看到了自己新的形状，这就是它历经千辛万苦之后所得到的回报，它的全部心愿的成果——一只很普通的红色花盆，线条粗硬，模样丑陋。在这个时候它才发现自己既不可能荣登帝王之家，也不可能入艺术的殿堂，因为自己的容貌既不高雅也不华贵；于是它开始埋怨那位无名的制造者："你为什么把我塑造成这个样子？"

于是，它一连几天都闷闷不乐。接着它被装上了土，还有

另外一件东西——是什么它弄不清，但灰黄粗糙，样子难看——也给插到了土的中间，然后用东西盖上。这个新的屈辱引起了黏土的极大不满。"我的不幸现在是到了极点，被人装起脏土垃圾来了。我这一生算是完了。"

但是过了不久，黏土又给人放进了一间温室，这里阳光和煦地照射着它，还有人经常给它洒水，于是就在它一天天静静等候的时候，有一种变化终于开始到来了。有种东西正在它体内萌动——莫非是希望重生！但它对此仍然不能理解，也不懂得这个希望意味着什么。

有一天，黏土又被人从原地搬起，送进一座宏伟的教堂。它多年的梦想这次终于可以实现了。它在世界上的确是有所作为的。这时空中传来阵阵音乐，周围百花飘香。但它仍然不明白这一切。于是它就向旁边和它一模一样的另一个黏土器皿悄声问道："为什么我被他们放在这里？为什么所有的人都向我们凝望？"那个器皿答到，"怎么你还不知道吗？你现在身上载负着一株状如王杖的美丽百合。它的花瓣皎白如雪，它的花心如同灿烂纯金。人们的目光之所以都集中到这里，是因为这株花乃是世界上最了不起的。而花的根就在你的心里。"

这时黏土心满意足了，它暗暗地感谢它的制造者，因为虽然自己只是一只普通泥土器皿，但里面装的却是一件无比珍贵的宝物。

有梦的人生不会落空

◎ 门焕新

有志青年不得志

出生于农村的门焕新，从小就喜欢写写画画。母亲对儿子的这一爱好并不赞成，她坚持认为儿子就应该好好读书。倒是他那身为小学教师的舅舅对外甥的这一爱好给予了巨大支持。门焕新的舅舅是位书画爱好者，并有一定的造诣，年少的门焕新在舅舅的辅导下，书画技艺有了突飞猛进的提高。

升入高中后，门焕新的一位同学帮他联系到了商丘市著名书画家孙民。孙民教门焕新从白描入手，临摹古今名作，苦练基本功。从此每到课余时间或者休息日，他就跑到田间地头对着花草树木写生，画完之后，他还要附上一行浑厚有力的隶体字。

渐渐地，只要纳入门焕新视线的景物，特别是农村田园风光，都被他画得栩栩如生、入木三分。尽管颇具专业水平，但门焕新还是感到不满足，他想更大程度地提高自己的书画技艺，便经常逃课到一所艺术学校偷艺。当时，那所艺术学校开设书画班，但学费很贵，门焕新交不起这笔钱，只好出此下策。

然而，门焕新的学习成绩在不断下滑，1984 年参加高考时，他名落孙山。他很想复读来年再考，但母亲却含泪对他说："儿子，放弃复读吧，家里实在没有能力供你啊……"就这样，这个从小就痴爱书画艺术的有志青年，却不得不接受命运的安排……

跳出田地，闯进书画研修班

回到家里，门焕新依然痴迷书画艺术，母亲和乡亲们对他的做法都不赞同，但倔强的门焕新坚信自己会有成功的那一天。

1988 年初，门焕新饱含激情地画了一幅农村田园风光图，他的舅舅看到后，鼓励他将这幅画寄给了河南农民报社，没过多久，《河南农民报》文艺版就将其刊登了出来。

门焕新简直不敢相信自己的眼睛，这可是他的处女作啊！这对于门焕新来说是个极大的鼓励，从此他就热情洋溢地描绘

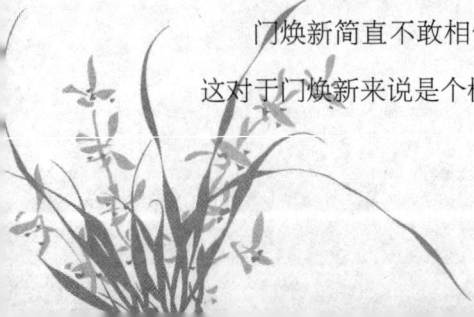

农村田园风光，作品屡见于全国影响较大的报刊。

这时舅舅提醒他说："趁着年轻，你应该出去闯荡闯荡，多长些见识对你练习书画也有帮助。"门焕新正好有外出打工的想法，因为弟弟妹妹都在上学，家里毫无积蓄，很需要他外出打工资助，经舅舅这一提醒，他便立即跳出了农田，辗转到开封一家化工厂当运煤工。

运煤工作十分辛苦。白天进入煤厂后，门焕新立即成了一个黑人，他要推着很重的一车煤，走很远一段路。晚上洗漱，他发现连鼻孔和咽喉里都堆了厚厚的一层灰尘。拉了一天的煤后，他浑身酸痛得没有一点儿力气，甚至连胳膊都抬不起来，哪有心思和精力去练习书画呢？

渐渐地，门焕新迷惘起来：难道我永远跟煤堆打交道吗？在煤堆里能长什么见识？门焕新想摆脱这种命运，便作出决定：白天拉煤，晚上去打听开封市书画界比较有名望的前辈，他希望前辈们能给他指出一条光明大道。

不久，门焕新打听到开封市文联主席王宝贵的地址，这位书法名家建议门焕新到专业院校进修，系统学习专业知识。

门焕新何尝不想到专业院校进修啊，可他哪里有钱呢？但为了走进书画艺术"科班"，他又到一家工厂打工挣学费。半年之后，学费勉强挣够了。于是，门焕新终于如愿以偿地进入河南书法函授院研修班。

089

农民工走进大学当讲师

经过两年专业系统的学习，门焕新的书画艺术水平上升到了一个新的高度。这时，他已结婚生子，生活压力越来越大。无奈，他又踏上了打工之路。

从此，门焕新先后在开封、安阳、郑州、常州、杭州、福州等十几个城市打工。每到一个城市，他都会去拜访当地有名的书画家，虚心地向他们请教。此外门焕新还通过各种途径到当地书画院校蹭课偷艺。就这样门焕新在辗转于各地的打工生涯中，不断汲取着多方的知识，并且迅速转为自己的创作激情，截至 2003 年底，门焕新的书画艺术作品多达 10 麻袋，仅在各大报刊上发表的作品就多达 800 幅。望着这些沉甸甸的作品，门焕新开心地笑了，他觉得自己实现梦想的日子已越来越近……

2004 年初，门焕新从朋友那里得知，福建省福清市国家级科普教育基地正在招收书画艺术类老师的消息后，便揣着一份简历和以前发表过的作品前去面试。可想而知，迎接他的是什么，主管人事的负责人当即拒绝了他的请求。但门焕新却由此而作出一个大胆的决定：带着他以前发表过的作品，找福清市国家级科普教育基地负责人毛遂自荐。

门焕新的胆略令该基地负责人感到意外，更令他感到意外的还是门焕新发表过的作品。他怎么也想不到，这一幅幅书画

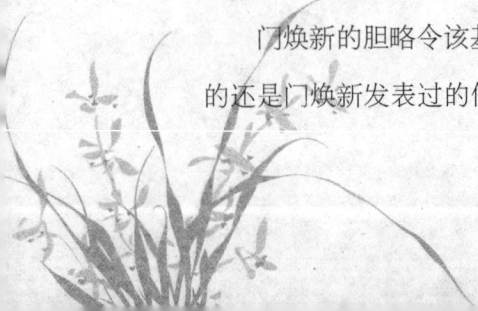

作品，竟然出自一个农民工之手！当即，那位负责人就决定聘门焕新为基地书画培训班老师，但有一个月试用期！

第一次授课那天，门焕新虽然讲得有些生硬，普通话也不够标准，但学生们都认真地听了下来。走出教室，他满头是汗。再次登上讲台时，他显得格外轻松和从容。学生们都被他那精湛的书画技艺所吸引，门焕新也越来越喜欢讲台，每堂课他都精心准备，认真教授。

一个星期之后，负责人突然向他宣布："你的试用期可以结束了，我们决定与你签订正式合同！"门焕新高兴得差点儿跳了起来，因为从这一刻起，他才算真正转身，步入书画界。

一天，门焕新正在讲课，一位学生突然发问："门老师，听说你只有高中学历，而且是一位农民，真是这样吗？"门焕新微微愣了一下，然后平静地说："是这样的。先请大家不要惊讶，我会把我的经历告诉大家……"

这堂课成了门焕新专门向学生们讲述自己人生经历的课程。他平静地说："命运和机会对于一些人来说也许不公，但只要有梦想，只要肯努力，也能改变命运。我从不因为我是一个仅有高中学历的农民工而感觉比各位矮三分，因为每个人都有自己的特长，在书画艺术方面，我可以当各位的老师，但在其他专业领域，各位又是我的老师，所以在课堂上我们都是平等的……"

门焕新的一番坦陈，打动了所有的学生，赢得了他们的尊

重。

2004 年夏，门焕新的作品被编入一些权威的典籍中，他的影响越来越大，第二年他先后加入河南省书画协会、中国书画家协会，成为真正意义上的书画家。

2008 年 9 月，福建医科大学开设的书画艺术教学班招聘讲师。没有过硬学历的门焕新，凭实力被破格录取，拿到聘书那一刻，门焕新激动得泪流满面。

从一个社会最底层的农民工，到一个令人敬仰的大学讲师，门焕新确实创造了一个奇迹。2009 年初，在接受采访时，他却淡淡地说："我一生痴迷书画艺术，没有理由不成功；我几十年如一日追求书画艺术，也没有理由不成功。只要不抛弃梦想，不放弃追求，每个人都会创造这样的奇迹！"

假如今天是我生命中的最后一天

◙ （美国）奥格·曼狄诺

假如今天是我生命中的最后一天

我将如何利用这最后、最宝贵的一天呢？首先，我要把一天的时间珍藏好，不让一分一秒的时间滴漏。我不为昨日的不幸叹息，过去的已够不幸，不要再搭上今日的运道。时光会倒流吗？太阳会西升东落吗？我能抚平昨日的创伤吗？我能比昨天更年轻吗？一句出口的恶言，一记挥出的拳头，一切造成的伤痛，能收回吗？不能！过去的永远过去了，我不再去想它。

假如今天是我生命中的最后一天

我该怎么办？忘记昨天，也不痴想明天。明天是一个未知数，为什么要把今天的精力浪费在未知的事上？想着明白的种种，今天的时光也白白流失了。企盼今早的太阳再次升起，太阳已经落山。走在今天的路上，能做明天的事吗？我能把明天

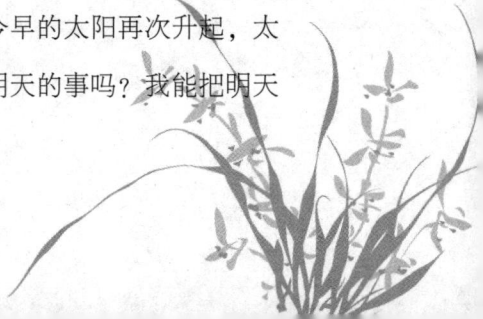

的金币放进今天的口袋吗？明日瓜熟，今日能蒂落吗？明日的死亡能给今天的欢乐蒙上阴影吗？我能杞人忧天吗？明天与昨天一样被我埋葬，我不再想它。

假如今天是我生命中的最后一天

这是我仅有的一天，是现实的永恒。我像被赦免死刑的囚犯，用喜悦的泪水拥抱新生的太阳。我举起双手，感谢这无与伦比的一天。当我想到昨天和我一起迎接日出的朋友，今天已不复存在时，我为自己的幸运，感谢天主。我是无比幸运的人，今天的时光是额外的奖赏。许多强者都先我而去，为什么我得到这额外的一天？是不是因为他们已大功告成，而我尚在旅途跋涉？如果是这样，这是不是成就我一次机会，让我成全？造物主的安排是否别具匠心？今天是不是我超越自己的机会？

假如今天是我生命中的最后一天

生命只有一次，也不过是时间的积累。我若让今天的时光白白流失，就等于毁掉人生的最后一页。因此，我珍惜今天的一分一秒，因为他们将一去不复返。我无法把今天存入银行，明天再来取用。时间像风一样可捕捉。每一分一秒，我要用双手捧住，用爱心抚摸，因为他们如此宝贵。垂死的人用毕生的钱财都无法换得一口气。我无法计算时间的价值，它们是无价之宝！

假如今天是我生命中的最后一天

　　我憎恨那些浪费时间的行为，我要摧毁拖延的习性。我要以真诚埋葬怀疑，用信心驱赶恐惧。我不听闲话，不游手好闲，不与不务正业的人来往。我终于醒悟：懒惰，无异于从我所爱之人手中窃取食物和衣裳。我不是贼，我有爱心，今天是我最后的机会，我要证明我的爱心。

　　假如今天是我生命中的最后一天

　　今日事今日毕。今天我要趁孩子还小的时候，多加爱护，明天他们将离去，我也会离开。今天我要深情地拥抱我的妻子，给她甜蜜的吻，明天她会离去。今天我要帮助落难的朋友，明天他不再求援，我也听不到他的哀求。我要乐于奉献，因为明天我也无法给予，也没有人来接受了。

　　假如今天是我生命中的最后一天

　　如果这是我的末日，那么它就是最美好的日子。我要把每分每秒化为甘露，一口一口，细细品尝，满怀感激。我要每一分钟都有价值。我要加倍努力，直到精疲力竭，即使这样，我还要继续努力，今天的每一分钟都胜过明天的每一小时，最后的也是最好的。

　　假如今天是我生命中的最后一天

　　如果不是的话，我要跪倒在天主面前，深深地感谢！

叩问人生

◎ 何安丽

　　以前读爱因斯坦的传记，看到有人问他，人为什么而活？爱因斯坦回答："追问人生的意义是毫无意义的。"当时对此深感疑惑，不知道这位大科学家为什么这么说。人不知道自己为什么活着，稀里糊涂地来，稀里糊涂地去，那人生还有什么意义呢？

　　这个问题，相信每个人都在心里问过自己，可是有多少人说得清，人究竟为什么而活？看周围的人，一生都为名缰利锁所累，似乎人活着就是为了这些东西。可是你问问那些功成名就的人，他们决不会说那就是他们生活的目的。

　　有一位年轻人曾经羡慕地对一位年过 70 的超级富翁说："如果到我老的时候能拥有你一半的财产我就是死也满足了。"富翁回答说："那么咱们交换一下，我用我一半的财产来换你

的年轻如何？"可是，有谁愿意做这样的交换呢？失去了青春
活力，口不能嚼，腿不能动，即使坐拥金山银山，又有什么意
义呢？

可见，功名利禄并非人生的意义所在。也许有人会说，人
是为理想而活着的。这话听起来很美，可经不起推敲，假如理
想实现或者破灭以后，人又为什么活着呢？窃以为，理想是人
生的动力，但不是人生的目的。

如此看来，叩问人生的意义，就像问天上的飞鸟、路边的
野花、海里的游鱼为什么活着一样，没有意义。百岁老人季羡
林在望九之年写下《季羡林谈人生》这部书，他用一辈子人生
经历所得的结论也是——人生是没有意义的，如果一定要给人
生一个意义，那就是对人类发展承上启下的责任感，为了让人
类繁衍得更好。

人生本没有意义。人从娘肚子里钻出来，没有一个人知道
自己为何要来到这世上，将来究竟要干什么。意义是人赋予
的。就像电视剧《士兵突击》中的主人公许三多所说"有意义
就是好好活，好好活就是多做有意义的事"。当你选择了有意
义的人生，你就给了自己的人生一个意义。

人无法回答人生的意义在哪里，是因为人活着，实在就是
活一个过程，即使我们不知道能否活得更好，仍然要努力地去
过好每一天，因为我们别无选择。人生就像一出独一无二的
戏，不管情节是高潮迭起还是平淡无奇，不管结局是悲还是

喜，一旦粉墨登场了，就得全心全意地投入，直到生命的最后一幕。

好好活，认真过好每一天，让生命的每一个日子都生动起来，给生命的过程涂满绚丽的色彩，也许就是人生的意义所在。

可是，很多人不明白这个道理，不懂得珍惜人生的过程，一天到晚总是算计着自己的付出最后能得到个什么，值不值。殊不知，人生往往不是因为结果而精彩，人生的精彩都在过程之中。为什么爱情比婚姻更令人神往？就在于爱情是一个过程，而婚姻是一个结果。假如我们能把婚姻当作一个过程来经营，也就不会有婚姻是爱情的坟墓的说法。

对于我们每一个人来说，无论高低贵贱，人生的结果其实都是一样的，那就是死。无论什么人，不管你的人生多么辉煌，终有一天一切都会结束，那时候，你的财富、名望和世俗的权力都不再重要，人们衡量你有生之日的价值，不是你所得到的，而是你所付出的；不是你所买到的，而是你所创造的；不是你所学到的，而是你所传授的。人生，不会因为你的富有而有意义，只会因为你对人类、对社会所做的贡献而变得有价值，有意义。

也许，生命的意义就在于日复一日的精彩。明白了这一点，我们大可不必去斤斤计较，患得患失。人活一辈子，重要的是珍惜生命的分分秒秒，珍惜生命中遇到的人和事，珍惜生

命带给我们的种种体验和感悟。人生是没有意义的，有意义的只是好好活，领悟了这一点，我们才会放开心胸，脚踏实地，认认真真尽自己所能去做好每一件有意义的事，就像山间的百合那样，不论是否有人欣赏，都在热热烈烈地开放，让这个世界因为我们的存在而变得美好一些。

生命成长的历程

◨ 成君忆

1—7 岁：天真的幼年时期

在第一个 7 年中，小孩在用他自己的方式成长，他是一个纯粹的生命。他天真无邪，对世界充满好奇，并因此而富于想象。这个世界是属于他的，太阳为他升起，月亮对他微笑，他是那样无与伦比的快乐着。虽然他也会难受、也会闹脾气，但只要解决了他的麻烦问题，他就会立刻恢复他的快乐。

7—14 岁：内心开始充满疑问

当小孩子进入第二个 7 年，他开始走出自己的世界。他开始意识到，这个世界并不属于他一个人，同时还属于其他人。他内心开始充满疑问，因为他意识到这个世界并不像他的幼年时期那么简单。他什么事情都要打破沙锅问到底，他问月亮里是否真有嫦娥？他问树木为什么是绿色的？他问小鸟为什么会

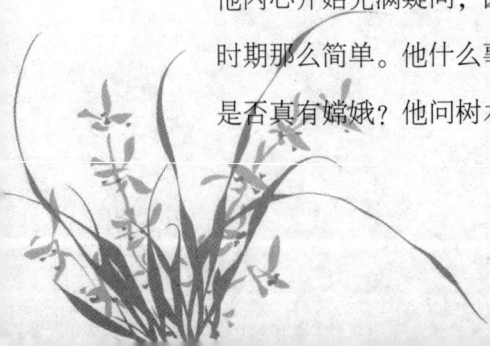

飞？为了寻找答案，他成了一名小学生。

学校给了他一些答案，社会给了他一些答案，这些答案把他心中原来那种童话般的美好想象打得粉碎。他开始成为社会中的一员，他开始有了自我意识。自我意识是一个社会概念，当他进入这个社会，他的自我意识就越强烈，也就从此逐渐远离了快乐。

最初，他会成为同性社会中的一员。男生和男生交朋友，或者打架；女生和女生一起玩耍，或者吵嘴。如果其他男生对女生感兴趣，他们会认为他是娘娘腔；如果某个女生喜欢跟男生在一起，她们也会被认为是男子气，那是不正常的、有毛病的。

14—21岁：对异性的好奇

14岁以后，第三道门打开了，他开始进入一个恋爱的时期。在这个时期，他的性生理成熟了，男生不再对男生感兴趣，他开始对女生感兴趣，因为女生是世界上的"另一种人"。女生也开始对男生感兴趣，只不过比较羞涩一些。"另一种人"是如此奇妙，如此可爱，以至于他要追求她，她要和他在一起。不仅因为好奇和爱，也因为他们需要一个异性来证明自我。

他们开始有最初的恋情，纯洁的初恋让他们有了一种前所未有的、妙不可言的体验。他们开始有性幻想，开始写诗，开始学习如何调情。他们渴望用性的方式来探索生命的秘密，男人在了解女人，并且通过女人来了解自己；女人在了解男人，同样也通过男人来了解自己。他们开始在一种互动式的学习中

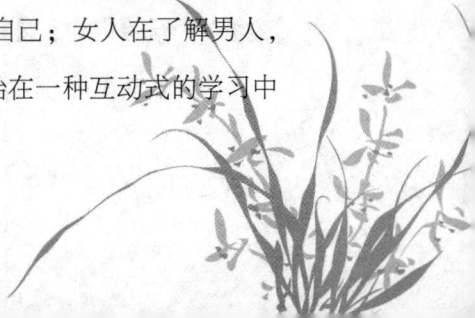

了解爱、责任、社会和人生的涵义。

21—28 岁：追逐成功与物质的野心

到了 21 岁，他迎来了生命中的第四个 7 年。他想要成为男人中的佼佼者，她想要成为女人中的女人。他开始需要更多的认同来证明自我，他会根据社会上流行的评价标准去塑造自我——如果不行，他们就会试图推翻那个标准，重新建立适合自己的一套标准。他变得野心勃勃，对未来充满渴望，他的全部注意力都放在如何才能成功、如何与人竞争、如何在挣扎中求胜之类的思考上。他的自我越来越膨胀、越来越强大。

28—35 岁：追求舒适与安全

28 岁以前，他是那么强烈的希望自己成为一个英雄，他是那样血气方刚，那样疯狂，那样敢于为了某种信念而奋勇拼斗。等到了 28 岁之后的某一天，他会进入人生的第五道门，他会忽然意识到从前的所作所为有些轻率、有些傻气、有些不计后果。现在，他在检讨自己的欲望，他不再冒险，他开始使用比较稳妥、比较有效的方式来思考问题。

他曾经想成为能够改变世界的人，成为一个革命者，成为他所生活的那个地区的权利人物，但现在他的想法有些不一样了，他需要一种安定和舒适的生活。他的注意力开始转移，开始着手营造一个舒适的小窝。流浪者不再流浪了，他回到他的家庭中，开始定居、过起文明的生活来。

这时，家里那些关注着他、为他提心吊胆的人终于松了一

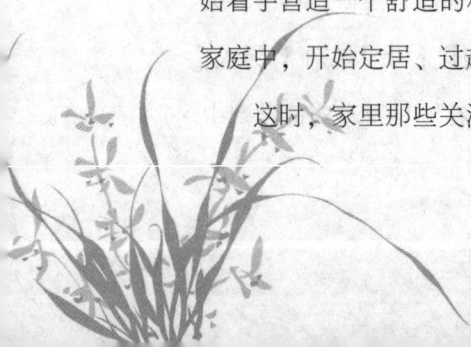

口气：啊！真好，浪子回头金不换，他总算稳定下来了，总算回到正常的轨道上来了。

35—42岁：传统的拥护者

35岁是一个人生命能量的高峰，他显得那样稳健而有力量，他是某个机构或团体的中坚分子。他站在那个高峰上，并从此开始走下坡路。这时候，他不仅对安定与舒适有兴趣，他还成了保守派。他讨厌风险，他反对改变，他倾向稳定，他正式变成了体制中的一部分。他不再是一个无政府主义者，他支持政府和法律。

人力资源专家认为，如果一个人到35岁还在求职，那就意味着他不再可能达到那个高峰，也意味着他不能给那个公司注入新的创业力量。35岁是一个坎儿，尽管他成熟、经验丰富、处事稳定，但企业中一般没有合适的职位提供给35岁以上的求职者，那些合适他的职位都被同龄人占据着。

42—49岁：思考生命的出路

他很不情愿的迎来了生命中的第七个7年。

他的身体开始发胖。发胖意味着他的身体再也无法将所有的食物转换成能量。他大腹便便，疾病丛生，像一架运转不灵的机器。他开始秃顶，或者长出白发，生命的秋天到了。

他很可能会得溃疡。溃疡是野心的象征，如果一个人患有溃疡，那就显示他曾经狂热和执著地追求过成功。从前追求这个、追求那个，他什么都想要，他的胃口很好，现在出现胃溃

疡，这是一种因果关系，很容易理解。

他还可能得心脏病。很多人都会得心脏病，但心脏病发作的时间越早，就越证明他努力追求过。一个相当成功的人，曾经那样努力、那样紧张，否则哪里来的心脏病呢？心脏病是努力过的象征。

从前，他是那样自信，他以为他可以主宰自己的命运，但现在他已经失控了，他需要给生命寻找一条新的出路。那条出路不在物质世界里，他已经尝试过了，它不在那里。它在他的心灵世界中，如果他找不到它，他会惊慌失措，患上各式各样的神经官能症。

在西方，许多人会求助于心理医生，另一些人则会求助于宗教。而在中国，许多人开始回忆他们各自的祖父和父亲，他们曾经认为老人的想法是那样保守和落伍，现在却变成了人生的大智慧。

49—56岁：往内在世界探寻

到了49岁时，他的探索就愈来愈清楚了。现在，他开始对自我失去兴趣。他的自我停留在年轻时代，他会常常回忆起好汉当年的勇猛。当一个年轻人在那里表现自我时，他会觉得那个年轻人很幼稚，然后会心的一笑。

在这个阶段，繁华已经落尽，生命的真淳正在显现。他的注意力在转移，他开始远离这个社会，转而关注他的内在。他首先会远离异性，他不再需要异性来证明自我。

56—63 岁：摆脱社会的羁绊

56 岁以后，他会逐渐对别人、对社会都不再有兴趣。自我已经消失了，不再需要什么证明，所以也就不再需要社会。

他已经远离了这个社会。他在为自己活着，而不是为社会活着。如果他还有妻子，妻子会成为他的老伴。他们之间更多的不是夫妻关系，而是朋友关系。他们互相帮助，像小朋友一样互相帮助。

63—70 岁：回归孩子似的纯真

63 岁之后，他会再度变成一个小孩。他变得愈来愈安静，仿佛古井中的水。社会已经成了遥远的消息，只能像风一样在水面泛起一圈涟漪。

他在享受生命中的最后时光，他开始迎接死亡的到来。他在回忆他的一生，他会为他的一生感到欢喜，无论好坏与对错。当初他是赤身裸体来到这个世界的，当他离开时，却拥有许多的经验、许多的感悟。他像小孩一样快乐着，虽然他也会难受、也会闹脾气，一旦解决了他的麻烦问题，他就会立刻恢复快乐。如果 70 岁以后他仍然活着，他会继续快乐下去。他一副鹤发童颜的可爱模样，宛如中国民间传说中的神仙。

当然，死亡迟早会到来的。然而，对于一个快乐的老人而言，死亡是他生命的最后一次开花。他的生命是那样美丽的绽放着，仿佛中国的春节和春节时绽放的梅花。

生命如此短暂

◎ 李小林

　　一天，一名旅行者来到一个地方。不远处，一条小路蜿蜒
而上，隐没在绿色的树林中。他循路走去，来到一道栅栏前，
木门敞着，他顺着石铺的小径继续前行。

　　在荫翳闭日的树林间散落着白色的石头。旅行者弯下腰来
仔细端详，石头上刻有字迹：阿布杜尔塔艾格，活了8年6个
月零3天。当他意识到这是一块墓碑时，心里不免一颤，一个
孩子这么小就死了。他又转向另一块石头，上面刻着：亚米尔
卡利贝，活了5年8个月零3个星期。看看周围，好像都是墓
碑。原来这是一块墓地。他又继续读了几块墓碑，都是一样的
形式，一个名字，一个生活的时间。时间最长的也只有11年。
他们的生命真是太短暂了。旅行者悲伤地哭了起来。

　　听到哭声，一个老人走了过来。他是负责看守这块墓地

的。旅行者问："这里是不是发生过什么灾难？为什么这些死者全都是孩子？还是这里面有什么可怕的咒语？"

老人笑了笑说："别害怕。这里没发生过什么灾难，也没有什么可怕的咒语。我们这里有一个古老的习俗。当一个人长到 15 岁时，父母会给他一个本子。从此，每当遇到快乐的事情时，他就打开本子，把它记下来。在左边写上是什么快乐，右边写上这个快乐持续了多长时间。比方说，他遇到了未婚妻，陷入热恋，这个相识的快乐持续了多长时间，是 1 个星期还是 3 个星期；他第一次亲吻她；他的妻子怀孕了，第一个孩子出生了；他出门旅游；他在他乡遇到了旧识。这些都带给他多长时间的快乐？是几小时还是几天？就这样一点一点地，他在本子上记下了他经历过的每一次快乐。当他离开人世的时候，按着我们的风俗，人们打开他的本子，把他快乐的时间加在一起，算出总和，然后把这个时间刻在他的墓碑上。在我们看来，这个时间才是真正属于一个人生命的时间。"

拾取逝去生命的碎片

◎ 叶广芩

　　我学医、行医加起来前后有 20 年，20 年的时间里看到了不少生与死。生命的诞生大致相同，但生命的逝去则千态万状，让人刻骨铭心，难以忘却。我常想起那些与我擦肩而过又归于冥冥之中的生命，想起他们起步的刹那以及留给生者的思索，从而感到生与死连接的紧密与和谐。那一个个生命的逝去，已残缺为一块块记忆的碎片，捡拾这些碎片是对生的体味，对命的审视，是咀嚼一颗颗苦而有味儿的橄榄。

　　那时年轻，不知何为生死，我的班长与我是"一帮一，一对一"，我们常常坐在水泥池子的木板上谈心。我们谈的常是一些很琐碎的事情，诸如跑操掉队、背后议论人、梳小辫臭美等。我们屁股下面的池子里，黄色的福尔马林液体中泡着 3 具尸体，两男一女，他们默默地听了不少我们之间的事情。

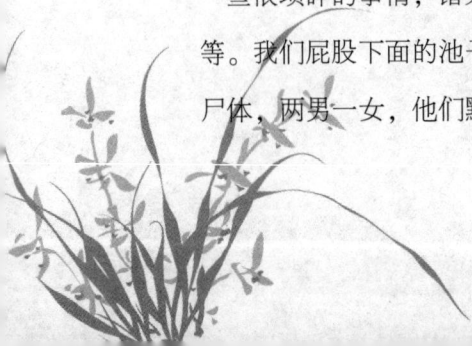

有一天，班长说，他将来死后要把遗体献给学校，为医学教育做贡献，我才突然觉得池子里面躺着3个"人"。

水泥池子上的木板很硬，很凉，药水的气味也很呛人。

"文革"时，他从8楼顶上跳下来，当时我恰巧从下面走过，他摔在我的面前，我下意识地奔过去，以为这是一个玩笑。他很平静地侧卧在地上，没有出血，脸色也相当红润。他看着我，想说什么，嘴唇动了一动，但只是两三秒的工夫，面部的血色便褪尽，眼神也变得散淡，我随着那目光追寻，它们已投向了遥远的天边。

3天后，我看见他从湖南赶来的老父亲默默地坐在太平间的台阶上，望着西天发呆，老人的目光与儿子如出一辙。

西面的天空是一片凄艳的晚霞。

她是个临产的产妇，长得很美，在被推进产房的时候她丈夫拉着她的手，她丈夫很英俊。这是对美丽的夫妻，他们一起由南方调到这偏僻的山地搞原子弹。平车在产房门口受到阻滞，因为夫妻俩那双手迟迟不愿松开。孩子艰难地出了母腹，是个可爱的男婴，却因脐带绕颈而窒息死亡，母亲突发心衰，抢救无效，连产床也没有下……这一切前后不到两个小时……

我走出产房，丈夫正在门外焦急地等候，我把这消息告诉他，他说他想躺一躺，我把他安排在医生值班室让他歇息。

半个小时以后，我看见他慢慢地走出了医院大门。

儿子在母亲的病床旁，须臾不敢离开，医生说就是这一两

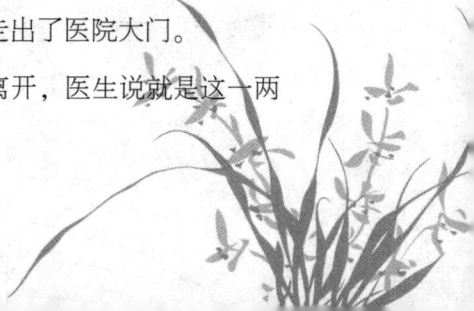

天的事。儿子才从大学毕业，是独子，脸上还带着未经世事的稚气。母亲患了子宫癌，已无药可治。疲惫不堪的儿子三天三夜没有合眼，母亲插着氧气在艰难地喘息，母子俩都怀着依依难舍地心紧张地等待着那一刻的到来。中午，儿子去食堂买饭，我来替他守护，母亲一阵躁动，继而用目光寻找什么，喉咙里发出呼噜呼噜的声响，我赶紧到她跟前，那目光已在失望里定格。

儿子回来，母亲的一切都已结束，他大叫一声扑过去，将那些撤下来的管子不顾一切地向母亲身上使劲插……

撒在地上的中午饭深深地印在了我的脑子里。

我给这个 6 岁的男孩做骨髓穿刺的时候孩子咬牙挺着，孩子的母亲在门外却哭成了泪人儿。粗硬的带套管的针头扎进嫩弱的髂骨前上脊，那感觉让我战栗，是作为医生不该有的战栗，我知道，即使打了麻药，抽髓刹那的疼也是难以忍受的，而孩子给我的只是一声轻轻的呻吟。取样刚结束，孩子母亲就冲进治疗室，一把抱起他的儿子，把他搂得很紧很紧。孩子挣出他母亲的搂抱。回过身问我："这回我不会死了吧?"我坚定地回答："不会。"

半个月后，孩子蒙着白布单躺在平车上被推出病房，后面跟着他痛不欲生的母亲。临行前，我将孩子穿刺伤口的纱布小心取下，他在那边应该是个健康、完整的孩子。

辚辚的车声消逝在走廊尽头，留下空空荡荡一条楼道。

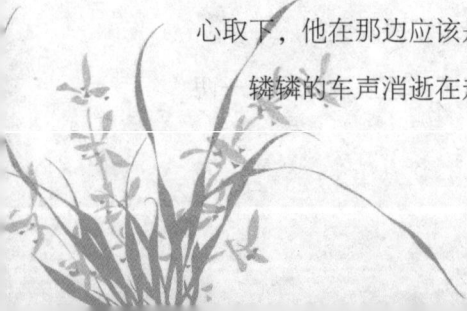

　　她是养老院送来的，她说她不怕死，怕的是走之前的孤独。我说我会在她身边的。她说，我怎么知道你在呢，那时候我怕都糊涂了。我说我肯定在。她说，都说人死的时候灵魂会与肉体分离，悬浮在空气中，我想那时我会看见你的。于是她就看天花板，又说，要是那样我就绕在那根电线上，你看见那根电线在动，就说明我向你打招呼呢。我笑笑，把这看作病人的遐想。

　　她临终时我如约来到她的床前，她没有反应，其实她在两天前就已经昏迷。她死了，我也疲倦地靠在椅子上再不想动，无意间抬头，却见电线在猛烈地摇晃。

　　窗外下着雨，还有风。

　　……这样的碎片每位医生都会有很多，它们并不闪光，它们也很平常，但正是在这司空见惯中，蕴含着一个个你我都要经历的故事，我们无法回避，也无法加以任何评论，我们只能顺其自然。生命是美好的，生命也是艰难的，有话说"未知生焉知死"，我想它应该这样理解，"未知死焉知生"。我想起1985年在日本电视里看到一个情景，那年8月，由东京飞往名古屋的波音747飞机坠毁在群马大山，全机224人，220人遇难。飞机出事前的紧急关头，一位乘客匆忙中写下一张条子：感谢生命！

我们都老得太快，却聪明得太迟

◙ 佚 名

我的学长去年丧妻。

这突如其来的事故，实在叫人难以接受，但是死亡的到来不总是如此吗？

学长说他太太最希望他能送鲜花给她，但是他觉得太浪费，总推说等到下次再买，结果却是在她死后，用鲜花布置她的灵堂。

这不是太愚蠢了吗?!

等到……等到……似乎我们所有的生命，都用在等待中。

"等到我大学毕业以后，我就会如何如何。"我们对自己说。

"等到我买房子以后!"

"等我最小的孩子结婚之后!"

"等我把这笔生意谈成之后!"

"等到我死了以后。"

人人都很愿意牺牲当下，去换取未知的等待；牺牲今生今世的辛苦钱，去购买来世的安逸。在台湾只要往有山的道路上走一走，就随处都可看到"农舍"变"精舍"，山坡地变灵骨塔，无非也是为了等到死后，能图个保障，不必再受苦。许多人认为必须等到某时或某事完成之后再采取行动。

明天我就开始运动；明天我就会对他好一点；下星期我们就找时间出去走走；退休后，我们就要好好享受一下。

然而，生活总是一直变动，环境总是不可预知，在现实生活中，各种突发状况总是层出不穷。

身为一个医生，我所见过的死人，比一般人要多得多。

这些人早上醒来时，原本预期过的是另一个平凡无奇的日子，没想到一件意料之外的事：交通意外、脑溢血、心脏病发作，等等。

刹那间生命的巨轮倾覆离轨，突然闯进一片黑暗之中。

那么我们要如何面对生命呢？

我们毋需等到生活完美无瑕，也毋需等到一切都平稳，想做什么，现在就可以开始。

如果你的妻子想要红玫瑰，现在就买来送她，不要等到下次。

真诚、坦率地告诉她："我爱你"、"你太好了！"

这样的爱语永不嫌多。

如果说不出口，就写张纸条压在餐桌上："你真棒！"

或是："我的生命因你而丰富。"不要吝于表达，好好把握。

记住，给活人送一朵玫瑰，强过给死人送贵重的花圈。

每个人的生命都有尽头，许多人经常在生命即将结束时，才发现自己还有很多事没有做，有许多话来不及说，这实在是人生最大的遗憾。

别让自己徒留"为时已晚"的空余恨。

逝者不可追，来者犹未卜，最珍贵、最需要适时掌握的"当下"，往往在这两者蹉跎间，转眼错失。

有许多事，在你还不懂得珍惜之前已成旧事；

有许多人，在你还来不及用心之前已成旧人。

遗憾的事一再发生，但过后再追悔"早知道如何如何"是没有用的，"那时候"已经过去，你追念的人也已走过了你的生命。

一句瑞典格言说："我们都老得太快，却聪明得太迟。"

不管你是否察觉，生命都一直在前进。人生不售来回票，失去的便永远不再有。

不要再等待有一天你"可以松口气"，或是"麻烦都过去了"。

生命中大部分的美好事物都是短暂易逝的，享受它们，品尝它们，善待你周围的每一个人，别把时间浪费在等待所有难题的"完满结局"上。

劝你一句话：把握当下，莫等待。

生命的出口

◎ 林清玄

坐在窗边喝茶看报纸，读到一则消息：一个高中女生为情跳楼自尽，第二天，他的男友从桥上跳入河心，也自杀了。

这时候，一只小黄蜂从窗外飞了进来，在室内绕了两圈，再回到原来的窗户，竟然就飞不出去了。

可怜的小黄蜂不知道世上竟有"玻璃"这种东西，明明看见屋外的山，却飞不出去，在玻璃窗上撞的"咚咚"作响。

忙了一阵子，眼看无路可走了，他停在玻璃上踱步，好像在思考一样，想了半天，小黄蜂突然飞起来，绕了一圈，从他闯进来的纱窗缝隙飞了出去，消失在空中。

小黄蜂的举动使我感到惊奇，原来黄蜂是会思考的，在无路可走之际，他会往后回旋，寻找出路。

对照起来，人的痴迷使我感到迷茫了。

对于陷入情感里的男女，是不是正像闯入一个房子的小黄蜂，等到要飞出去时已找不到进入的路口？是不是隔在人与生活中的情感玻璃使我们陷入绝境呢？隔着玻璃看见的山水和没有玻璃相隔的山水是一样的，但为什么就走不出去呢？

在这样的绝境，为什么人不会像小黄蜂一样退回原来的位置，绕室一圈，来寻生命的出口呢？是不是人在情感上比小黄蜂还要冲动？是不是由于人的结构更加细密，所以失去像小黄蜂那种单纯的思维？是不是一只小黄蜂也比人更珍惜生命呢？

对这一层一层涌起的问题，我也无力回答，我只知道人在身陷绝境时，更应该懂得静心，懂得冷静的思维。在生命找不到出路时，要后退一步，关照全局。或者，就在静心与关照时，生命的出路就显现出来了。

当我们年轻时，在情感上遭遇挫折的时候，都会想过了结生命，以解脱一切的痛苦与纠葛。

何况，活着，或者死去，世界并不会有什么改变。情感也不会变得深刻，反而失去再创造再发展的生机，岂不可惜复可怜？

正如一只山上飞来的黄蜂，如果刚刚撞玻璃而死，山林又有什么改变呢？现在它飞走了，整个山林都是它的，它可飞或者不飞，它可以跳舞或者不跳舞……它可以有生命的许多选择，它的每一个选择都会比死亡更生动而有趣呀！

第一次情感失败没有死的人，可能找到更深刻的情感。

第二次情感受挫没有死的人，可能找到更幸福的人生。

许多次在情感里困苦受难的人，如果有体验，一定会更能触及灵性的深度。

我这样想着，但是我并不谴责那些殉情的人，而是感到遗憾，他们自己斩断了一切幸福的可能。

我的心里有深深的祝福，祝福真有来生，可以了却他们的爱恋痴心。

可叹的是，幸福的可能是今生随时可以创造的，而来生，谁能知道呢？

117

今天我活着

◎ 周国平

我相信我是一个勤于思考人生的人，其证据是，迄今为止，除了思考人生，我几乎别无作为。然而，当我检点思考的结果时，却发现我弄明白的似乎只有这一个简单的事实：今天我活着。

真的明白吗？假如有一位苏格拉底把我拉住，追根究底地考问我什么是今天，我是谁，活着又是怎么回事，我一定会被问住的。这个短语纠缠着 3 个古老的哲学难题：时间，自我，生与死。对于其中每一个，哲学家们讨论了几千年，至今仍是众说纷纭。

我只能说：我也尽我所能地思考过了。

我只能说：无论我的思考多么不明晰，今天我活着却是一个明晰的事实。

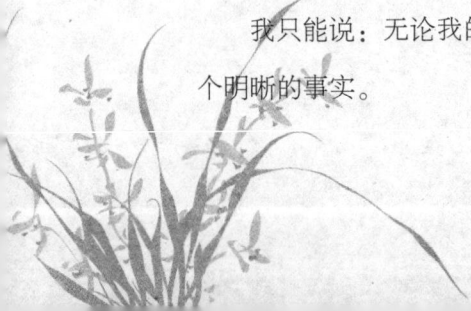

我认清这个事实并不容易。因为对明天我将死去思考得太久，我一度忽略了今天我还活着。不过，也正因为对明天我将死去思考得太久，我才终于懂得了今天我该如何活着。

今天我活着，而明天我将死去——所以，我要执著生命，爱护自我，珍惜今天，度一个浓烈的人生。

今天我活着，而明天我将死去——所以，我要超脱生命，参破自我，宽容今天，度一个恬淡的人生。

当我说"今天我活着"时，意味着我有了一种精神准备，即使明天死也不该觉得意外，这反而使我获得了一种从容的心情，可以像永远不死那样过好今天。

因为每一个今日，我才是活着，只有明天才是离开，而明天是什么时候，我们永远都不知道。

无论如何，活着是美好的，能够说"今天我活着"这句话是幸福的。

我相信每一个能够看到、听到这句话的人都一定是这样的状态："今天我活着"。

那你快乐吗? 幸福吗?

听　　泉

◎ 佚　名

　　鸟儿飞过旷野。一批又一批，成群的鸟儿接连不断地飞了过去。

　　有时候四五只联翩飞翔，有时候排成一字长蛇阵。看，多么壮阔的鸟群啊！

　　鸟儿鸣叫着，它们和睦相处，互相激励，有时又彼此憎恶，格斗，伤残。有的鸟儿因疾病、疲惫或衰老而脱离队伍。

　　今天，鸟群又飞过旷野。它们时而飞过碧绿的田原，看到小河在太阳照耀下流泻；时而飞过丛林，窥见鲜红的果实在树阴下闪烁。想从前，这样的地方多的是。可如今，到处都是望不到边的漠漠荒原。任凭大地改换了模样，鸟儿一刻也不停歇，昨天，今天，明天，它们打这里飞过。

　　不要认为鸟儿都是按照自己的意志飞翔的。它们为什么

飞？它们飞向何方？谁都不清楚，就连那些领头的鸟儿也无从知晓。

为什么必须飞得这样快？为什么就不能慢一点儿呢？

鸟儿只觉得光阴在匆匆逝去了。然而，它们不知道时间是无限的、永恒的，逝去的只是鸟儿自己。它们像是着了迷似地那样剧烈、那样急速地振翅飞翔。它们没有想到，这会招来不幸，会使鸟儿更快地从这块土地上消失。

鸟儿依然呼啦啦拍击着翅膀，更急速，更剧烈地飞过去……

森林中有一泓泉水，发出叮叮咚咚的响声，悄然流淌。这里有鸟群休息的地方，尽管是短暂的，但对于飞越荒原的鸟群来说，这小憩何等珍贵！地球上的一切生物，都是这样，一天过去了，又去迎接明天的新生。

鸟儿在清泉旁歇歇翅膀，养养精神，倾听泉水的絮语。鸣泉啊，你是否指点了鸟儿要去的方向？

泉水从地层深处涌出来，不间断地奔流着，从古到今，阅尽地面上一切生物的生死、荣枯。因此，泉水一定知道鸟儿应该飞去的方向。

鸟儿站在清澄的水边，让泉水映照着身影，它们想必看到了自己疲倦的模样，它们终于明白了鸟儿作为天之骄子的时代已经一去不复返了。

鸟儿想随处都能看到泉水，这是困难的。因为，它们只顾

尽快飞翔。

鸟儿想错了，它们最大的不幸是以为只有尽快飞翔才是进步，它们以为地面上的一切都是为了鸟儿而存在着。

不过，它们似乎有所觉悟，这样连续飞翔下去，到头来，鸟群本身就会泯灭的，但愿鸟儿尽早懂得这个道理。

我也是鸟群中的一只，所有的人们都是在荒凉的不毛之地飞翔不息的鸟儿。

人人心中都有一股泉水，日常的烦乱生活，遮蔽了它的声音，当你夜半突然醒来，你会从心灵的深处，听到幽然的鸣声，那正是潺潺的泉水啊！

回想走过的道路，多少次在这旷野上迷失了方向，每逢这个时候，当我听到心灵深处的鸣泉，我就重新找到了前进的标志。

泉水常常问我：你对别人，对自己，是诚实的吗？我总是深感内疚，答不出话来，只好默默低着头。

我从事绘画，是出自内心的祈望：我想诚实地生活。心灵的泉水告诫我：要谦虚，要朴素，要舍弃清高和偏执。

心灵的泉水教导我：只有舍弃自我，才能看见真实。

舍弃自我是困难的，甚至是不可能的，我想。然而，絮絮低语的泉水明明白白对我说：

美，正在于此。

藏獒阿力

◎ 陈 俊

　　阿力是一条狗，一只纯种藏獒。通体金黄，红色的皮毛让它看起来像一条威猛的雄狮。当它第一次踏上格陵兰冰冻的土地时，便成了每个爱斯基摩人都想拥有的梦之犬。

　　阿力是被主人阿伦春从西藏带到自己的爱斯基摩村庄的，它站立在阿伦春养的爱斯基摩犬群里，如鹤立鸡群一般勾魂摄魄。

　　来自雪域高原的阿力很快就适应了格陵兰的酷寒，但它学不会撒娇，不会像那些爱斯基摩犬那样为食物向主人摆胯摇尾。骨子里，它是一名狂野战士，按照主人的命令出击，用尖牙利爪攻击猎物、保卫主人的安全才是自己的职责。

　　随着一年一度猎期的来临，阿力第一次与主人远离村庄，踏上狩猎之旅。

爱斯基摩人的猎物是海豹，他们必须寻找冰面上海豹开凿的换气口，然后悄悄埋伏，等到海豹出来换气的时候，用带着倒钩的鱼叉准确地扎下去，然后再将海豹拖到冰面上。

猎杀海豹的血腥味会吸引来很多"小偷"和"强盗"：极地狼、北极狐、北极熊。猎犬的作用就是驱逐这些不速之客，保证猎物不被抢走。

有了阿力，驱逐"盗贼"成了游戏般轻松的事情，当阿力携着浑身杀气冲出去的时候，想来分一杯羹的"小偷"们惨叫着逃命不迭，逃跑技术不太高明的，还得搭上自己的性命。

仅仅五天，阿伦春的雪橇上收获了三头海豹、两只北极狐和一头极地狼。这是阿伦春有史以来最丰收的一次狩猎。爱斯基摩犬拖着沉重的雪橇，踏上归途。

就在距离村庄还有半天路程的时候，"剪径大盗"出现了。一头健壮无比的北极熊，瞪着血红的眼睛拦住雪橇的去路。普通情况下，北极熊是会主动回避人类的，但一旦拦住去路，就证明它已经因为饥饿孤注一掷，极其危险了。

按照不成文的习惯，阿伦春赶紧取下一头小海豹，远远抛给了北极熊，同时轻轻按住了暴躁的阿力——与饥饿的北极熊搏斗是极其危险的事情，不到万不得已，爱斯基摩人不会和北极熊发生正面的冲突。而一般来说，只要稍示妥协，北极熊都会收起这样的"买路钱"放行的。

阿力的喉咙里阴沉地哼着，它不能忍受眼睁睁看着猎物被

打劫的屈辱，然而本能提醒它，不要忤逆主人的命令。它无奈地趴着，眼里的怒火瞬间变成苍凉和空洞，就连锃亮的皮毛也似乎在刹那失去了光芒。

阿伦春在等待北极熊让路，可是，这次遇到了一头贪婪的北极熊，它抓住那只小海豹，只撕咬了两口，便又丢下了，又一次将目光盯上了雪橇——那上面的海豹比嘴里这只要肥厚丰美许多。

看着北极熊向雪橇步步逼近，阿力的眼神又一次变得灼热，呼吸越来越急促，背部的肌肉都开始轻轻颤抖——面对一场即将展开的厮杀只会令它觉得兴奋！

北极熊似乎感觉到了凛冽的杀气，试探着向阿力发出一声吼叫——如果阿力报以更加威慑的叫声，它也许会就此撤退。然而，阿力是藏獒，从来不需要用虚张声势的恫吓去吓跑对手的，它将北极熊的吼叫视为挑衅和威胁，悄无声息的骤然扑了过去，顿时和北极熊战成一团。它的与生俱来的战斗本能让它屡屡在北极熊的喉咙上留下大大小小的创痕，然而同时，北极熊尖锐的爪子也划破了阿力的肚皮，一腔内脏喷涌而出。阿伦春看得惊心动魄，连连呼喊阿力撤下，然而阿力仍不松口，用最后一丝力气紧紧咬住北极熊的脖子，僵死在对手身上。适才噤若寒蝉的爱斯基摩犬们抓住这绝好的机会，一拥而上，迅速结果了北极熊的性命。

阿伦春将阿力埋葬在了自家的后院，他为自己所拥有过的

唯一的、而且最勇猛的一条藏獒的死而难过。然而他决意不再去西藏挑选藏獒了，虽然是勇猛无敌的斗士，但受不得丝毫屈辱，不懂得暂时的回避与惜力，尽管舍得拼命，却不知该如何更好地保住自己的性命。它们勇于战斗，却不计代价。

拥有这种孤注一掷性格的人向来都是举步维艰的，绝不适合在艰难的环境里生存——狗，也一样。

一年寿命的鱼

◎ 周海亮

那是个很小的装饰品店，门口挂两个火红的中国结，很喜庆。那几天正拾掇书房，总感觉电脑桌上光秃秃的。心想进去看看吧，说不定，能给我的桌面上增加一件物美价廉的小摆设。

一眼，就看到了那个瓶子。瓶子芒果般大小，晶莹剔透的玻璃，夹　丝丝金黄。也是芒果的造型，艳丽，逼真。之所以说它是瓶子，是因为那里面装了水，并且那水里，正游着一条两厘米多长的粉红色的小鱼。

瓶子里装了水，水里面游着鱼，这没什么稀奇。稀奇的是，这个瓶子是全封闭的。它没有瓶口，没有盖子，没有一丝一毫的缝隙。它是一个完全封闭的玻璃芒果。

可是那些水，那条鱼，它们是怎么钻到这个完全封闭的玻

128

璃世界中去的呢？

厂家在生产这个瓶子的时候，就把鱼装进去了。店主告诉我，这需要很尖端的技术。

你想啊，滚烫的玻璃溶液，一条活蹦乱跳的鱼。

我去啤酒瓶厂参观过。我知道所有的玻璃瓶子都是吹出来的。在吹瓶的时候，瓶子会达到一种可怕的高温，鱼和水不可能那时候放进去。那就只剩下一个解释：厂家先拿来一个芒果造型的瓶子，装上水，放上鱼，然后想办法把这个芒果完全封闭起来。

我想店主说的没错，这样一件小小的工艺品，的确需要很尖端的技术。

店主告诉我，这个玻璃芒果，这条鱼，只需 60 块钱。

倒不贵。可是我弄不明白，我们怎样来喂这条鱼？怎样来给这条鱼换水？

不用喂，也不用换水。店主说，这里面充了压缩氧气，这么小的一条鱼，一年足够用了。也不用换水，水是特殊处理过的。只要别在阳光下暴晒，这条鱼完全可以在这个小瓶子里很好地活上一年。

那么一年后呢？我问。

鱼就死了啊！店主说，60 块钱，一件极有创意极有观赏价值的工艺品，也值了吧？

当然，我承认值。这比在花瓶里插一年鲜花便宜多了。可

是，店主的话还是让我心里猛地一紧。

鱼长不大吗？我问。

你见过花盆里长出大树吗？店主说。

那么，这条鱼的自然寿命是几年呢？我问。

三四年吧。店主说。

心里再一紧。

自然寿命三四年的鱼，被一个极有创意的人，被一个有着高端技术的工厂，硬生生剥夺了自然死亡的权利。一年后是鱼这一生的什么时间？少年吧？青年吧？或者中年？

可怜的一年鱼！

为了自己日益苛刻的味蕾，我们杀掉才出生几天的羊羔；从蛋壳里扒出刚刚成形的鸡崽；把即将变成蝴蝶的蚕蛹放进油锅煎炸；将一只猴子的脑袋用铁锤轻轻敲开……

现在，为了日益荒芜的眼球，又"创意"出一条小鱼的死亡期限，然后开始慢慢地倒计时。

当我们在自家的茶几或者书桌上盯着那条鱼看，我不知道，我们看到的是美丽和幸福，还是残忍、悲伤、恐惧以及死亡？

我想有此创意的人，如有可能，也应该享受到这条鱼的待遇吧？把他装进一个电话亭大小的完全封闭的钢化玻璃屋里，准备好3年的空气、食物和水，然后扔进寒冷的北冰洋，让一群巨鲨们每天眉开眼笑地倒计时。

白天鹅的记忆

◎ 从维熙

1964 年，我在一个劳改农场改造，第一次见到那天性驯良、美如天使的水禽动物，是在劳改队大队部的葡萄架下。我隔着铁丝网，神往地望着白天鹅那一身洁白的羽翼，心里不禁自问：蓝天才是它们的故乡，江河湖泊才是它们诗的天堂，它们到这儿来干什么？还摆出一副悠然自得、闲庭信步的架势！

飞吧！我的天使！这儿是囚笼，不该是你漫步的地方；露珠闪光，水草萋迷的青青河畔，那儿有你的群落，有你的家族，为什么你要眷恋这个鬼地方呢？

后来，我知道了：原来这两只天鹅是被主人剪去了一圈欲飞的翅膀。它们来自天茫茫野茫茫的东北大草甸子——兴凯湖，那儿的劳改农场捕获了它们，场长从兴凯湖调往我们所在的劳改农场时，把这"姊妹俩"也装进囚笼，像携带仆从眷属

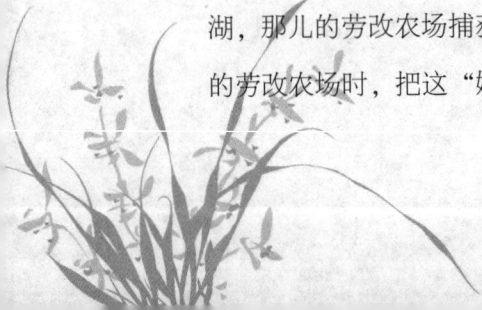

那般，把它们迁移到这个地盘上来了。

使我忧虑的是，随着生存环境的改变，它们天性中的善良，被岁月的流光啮食掉了，使这天使般的两姊妹，只剩下天鹅的形态与仪表。有一次，我到劳改队办公室去请示什么事情，当我穿过葡萄架时，那"两姊妹"竟然拍打着仅存的短短的翅膀，对我发动了突然袭击。

一只对我嘎嘎狂叫，神态犹如家狗般凶厉。

一只用嘴叼住我褴褛的衣袖，撕扯下我袖口的一缕布条。

我挣扎着，我奔跑着，待我逃出葡萄架，惊魂初定之后，留给我的是满腹的狐疑：

"这还是天鹅吗?"

"这是两条腿的狗?"

"这不是黑狗、灰狗、黄狗。"

"这是被异化了长着翅膀的白狗!"

50年代中期，当我还是个青年作家的时候，我去过东北三江草原。那儿块块沼泽，如同大翡翠中镶嵌着的一块块宝石；它们在那野花盛开的水泊旁，交颈而亲，合翼而眠。那姿态像是无数下凡的安琪儿入梦。在这美丽的群落中，总有一个"哨兵"站岗，它们警惕人类，它们警惕枪口，它们警惕秃鹰，它们警惕野兽。它们从不惊扰邻居，它们从不吞噬同类，它们从不以鸟类王国皇后自居，它们从不趾高气扬，自喻为"羊群中的骆驼"。

据萝北草原的一个猎人告诉我，他从不捕杀白天鹅。他说

此种鸟类不仅羽毛如雪，还有代其他鸟类孵化雏鸟的本能。有的"娘"把娃儿生下来后，一扑楞翅膀飞了。白天鹅则扮演"娘"的角色，把其他鸟类家族的后代孵化出来。群居草原和与囚徒为伍的白天鹅，反差如此之大，简直令人吃惊！

仔细想想，似乎从中发现了一点道理。地壳喷出炽热的岩浆可以造山，磨盘眼里流出的粮食可以碾成面粉；美丽的天使安琪儿，在主人驯化豢养以及囚徒们的挑逗凌辱之下，就不能改变它那颗善良的灵魂吗？它最初是出于生存本能的反抗，久而久之就把人类视若顽敌，见了脖子上驮着脑袋的人，就首先对其进行袭击！

大约过了年把光景，一群白天鹅在春日北返，它们在天空中发现了两个同族，在天空徘徊良久之后，终于有两只飞落下来，大概是想来叙叙手足之情，但它们刚刚落地，两只在囚笼旁生活的天鹅，则像凶神一般，与看望它们来的两只天鹅，摆出武斗架式。飞下来的天鹅鸣叫着说着天鹅家族才懂的语言，但这两只"地鹅"，则已完全丧失了天鹅家族的一切属性，将飞来的兄弟姐妹，叼下来一团团白色的绒毛。飞来的两只白天鹅历经惊愕之后，终于起飞了。但这时猎枪响了，这对来探望家族兄弟的美丽天使，双双从天空中坠落下来！

枪声惊醒了我的梦，于是我想起了文学的使命。

善与恶。

生与死。

祈＿＿求

◎ 林敬钧

　　我曾经在长城上看到一位白发苍苍的画家画鹰。在北方特有的干燥湛蓝的天空下，苍劲古朴的长城默默地蜿蜒于群山之上。画家在一块白布上泼墨挥毫。长城上的风扬起老人的白发，鼓动每一个人的衣襟。他展开那面墨迹未干的鹰旗，雄鹰起伏振翅，直欲破空而上。

　　阳光照在大地上，也照在猎猎作响的鹰旗上。一瞬间，我忽然感觉到一种热血冲破冰层的眩晕，一种沉淀压抑已久的力量的猛然爆发：天空、阳光、长城、老人、长风、鹰。

　　那不是我第一次见到鹰，却是我第一次为鹰震撼。

　　后来在一个偶然的机会我在峭壁上看到了鹰的巢穴。那只是一个粗陋的石坑随便地搭上几根粗树枝，其余一无所有。它深深地印在我的脑海里。不知为什么，我总觉得鹰的身上有一

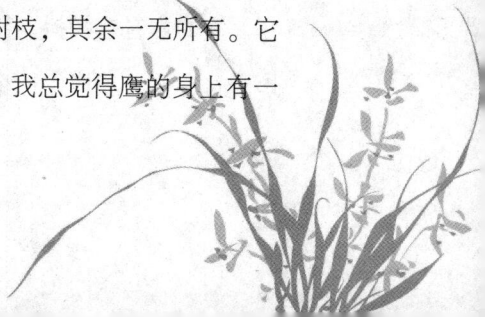

种冷峻而直入人心的力量。我明白鹰高傲、敏锐、凶猛、无畏，它从不躲避风雨，永不留恋巢穴的温暖与安乐。鹰是天地间飞翔的精灵。

我带一身风尘回到家乡。听说公园里来了个动物展览团，我想起了鹰，于是我去了。

从羽毛的颜色和体形可以看出：那是一只已经苍老的鹰和一只年轻的鹰。鹰架距我不到3米。那只苍老的鹰的羽毛凌乱，腿上有一根粗大的铁链，它埋头翅间。那只年轻的鹰目光迟滞，仿佛在看什么，又什么也没看到。

一个小孩，忽然放肆地把手中的香蕉皮扔向那只埋头的鹰。他一定不知道他干了一件多么愚蠢的事，因为他还在得意地笑。那只鹰猛地昂起了头，有力的颈部弯曲成了一个矫健而凶猛的弧度。我看到它眼中凌厉地闪过什么，它闪电般地直掠下来。

然而那长不足一米的铁链狠狠拽住了它，它猛然回坠，被倒吊在高高的鹰架上，晃来晃去。那年轻的鹰展了展翅以便站稳，它冷漠地看了看脚下的同伴，又把茫然的目光投向远方。

那个被吓呆的小孩这时才清醒过来，悻悻地抓起一把泥沙朝那倒吊着的鹰扔去，又嘿嘿地笑起来，一边捡石块，一边大声地骂。那只苍老的鹰耸着翅，挣扎着，发出一串低沉的鸣音。它的声音在颤抖。我分明感到一种苍凉而强烈的悲怆冷冷地漫过心头。我拦住那个小孩，叫他滚！

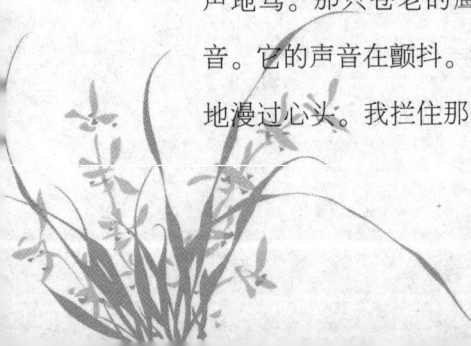

鹰渐渐停止了挣扎，静静地倒吊在高高的鹰架下。利爪笔直地伸向天空——那里曾是它的家园、梦想、荣耀和骄傲。四下沉闷，天地间只有蝉在不停地叫。

　　我不知道鹰是否会流泪。

　　那夜我在山顶坐了很久。天上有月，月旁有星；山顶有风，山脚有楼。我在山顶大梦一场，一颗泪珠从天上落到我的手上。

　　清晨我再去看那两只鹰的时候，苍老的鹰依然倒吊着，只是刚刚死去。喂鹰的人说，野生的鹰是没法养活的——它不吃东西。他告诉我那只年轻的鹰是人工孵化的。

　　天空是蓝色的，一切都很安静。我想起北方的天空、阳光和鼓动衣襟的长风，想起伤痕累累的长城上那面猎猎的鹰旗。我不知道那只年轻的鹰在寻找什么，但我想那一定是一只被束缚的鹰对祖先血脉相承的东西的渴求——它一生未曾飞翔。

　　我知道鹰的灵魂在天上。我祈求世上善良的人们，给鹰一颗翱翔的心，让高飞的灵魂永不沉沦。

循序渐进的生命

◎ 徐其立

在印度洋海岛上，有一种红嘴的鸟，它的颜色深浅决定了在异性眼里受欢迎的程度。那些一心想让自己变得更受异性欢迎的鸟，必须调整体内的胡萝卜素。研究表明，胡萝卜素是促使颜色变红的主要原因，同时也是鸟体内免疫能力不可或缺的重要元素。为了异于同类，在竞争中取胜，这种鸟不得不把更多的胡萝卜素集中到嘴角的颜色装饰上，以至于红"嘴"薄命。

关于鸟的故事往往让人想到人的生命。我们是不是会比这种鸟更聪明呢？很多时候我们忽视了生命的能量，它正被我们的无知和幼稚一点点地消耗，在没有能力储蓄时却过早地耗费了生命的资源，缩短了生命。

我的一个朋友几年来不知疲倦地学习，当在医院里看到他

的时候，他身体虚弱得很，他告诉我他把人生的辉煌看得太重要了，在考研的路上过多地透支了生命，尽管学有所成，但健康却成了问题。他感慨道：其实我们的生命很长，没有必要一下子把生命的能量全部释放出来，循序渐进的生命对于一般人来说是更重要的。

生命如同一张储存货币的卡，只有我们不断地往里面存，适当地往外取，才能保证这张卡的价值。当我们无限制透支时，这张卡不但没有了价值，反而成了累赘。

一位作家曾经讲述过一个故事：一位计算机博士在美国找工作，他奔波多日却一无所获。万般无奈，他来到一家职业介绍所，不出示任何证件，以最低的身份做了登记。很快他被一家公司录用了，职位是程序输入员。对一位计算机博士来说，显然是大材小用了。但是他很珍惜这份工作。不久，老板发现这个小伙子的能力非一般程序输入员可比。此时，他亮出了学士学位证书，老板给他换了相应的职位。又过了一段时间，老板发觉这位小伙子能提出许多有独特见解的建议，其本领远比一般大学生高明。此时，他亮出了硕士学位证书，老板立刻提拔了他。又过去了半年，老板发觉他能解决实际工作中遇到的所有技术难题，于是决意邀请他晚上去家中喝酒。一直到酒席桌上，在老板的再三盘问下，他才承认自己是计算机博士，因为工作难找，就把博士学位瞒了下来。第二天一上班，他还没来得及出示博士学位证书，老板已宣布他就任公司副总裁。

这个作家的意思是一个人要懂得生命的迂回，在没有机遇时要善于储蓄智慧，而不可把自己看得过重。其实，这位博士仍然遵循了循序渐进的人生哲学，适当地保存生命价值是非常重要的。而那红嘴鸟，只凭一时的勇气来展示自己，一不小心就透支了生命，把整个生命都输进去了。

什么样的人才具有生命力？像一条河流一样，它在行进过程中遇到山石或者草丛的阻挡时，懂得迂回而过，从而锻炼了生命。我们甚至可以认为，河水的流动是循序渐进的，如同我们的生命，总是能听到欢快的人生之曲。

爸爸，下辈子别松手

◎ 李作明

2005 年 8 月 13 日早晨 5 点多，46 岁的赵铁义早早起床，到院子里启动了四轮车。他要带着女儿赵容到河道上去捡鹅卵石。

一年前，赵容初中毕业考取了一所旅游学校，就在接到录取通知书时，下岗 5 年的爸爸在打工时不慎摔伤，可他硬是将借来治病的 6000 元钱揣回了家里，要赵容拿到学校去报到。赵容含泪撕掉了通知书，从此每天早起，跟着爸爸捡鹅卵石，然后拉到城里卖……

当父女俩麻利地将鹅卵石往车里扔时，冷不丁起了一声响雷，父女俩赶紧加快速度。不多时，豆大的雨点狠狠地砸在他们头顶上。赵容刚要提醒爸爸离开，却见脚下水位急速上涨。

"不好了，河上游下大雨了。"赵铁义本能地拉着女儿想弃

车逃离。然而，顷刻间洪水已有半米深，断掉了他们的退路。"孩子，别怕，有爸在！"赵铁义从来没有见过这种洪水瞬间即至且出现在大雨之前的经历。他不知道，今天他与女儿面临的是一场当地 200 年才可能遭遇一次的暴雨！

父女俩爬上车厢，赵铁义一手紧抓护栏，一手牢牢地抓住女儿的右臂，说："孩子，要是我们被冲到河里去，你也不要怕，啥时候都不要慌！"女儿重重地点头。说话间，洪水已漫过车身，车体剧烈晃动。"抓紧我的胳膊。"赵铁义一边喊，一边和女儿跳离了即将被掀翻的四轮车。

不会游泳的父女俩在这生死关头紧紧地拉着手，完全依靠洪水的冲力保持着漂流状态。

不知过了多长时间，他们忽然感到身下有一种特别的浮力，整个身体瞬间轻松了许多。原来，刚好有一大丛从上游冲下来的玉米秧，这些庄稼像木排一样，为濒死的父女俩增加了浮力。此时，上游又漂来长长的檩木，但身处激流，他们只能眼睁睁地看着檩木在几米外被无情地冲走。

当父女俩感到身下的玉米秧丛即将被冲散时，一根木头意外地向这边漂来。"抓紧我！"赵铁义大喊一声。腾身而起拉着女儿猛扑向浮木，用右臂死死地抱住了它。"有救了！"他兴奋地对女儿说。

但这是一根半朽的木头，较粗的一头还有一条两指宽的缝隙。

就在父女俩紧抱这根浮木漂出大约 400 米远时,遇到了个陡峭山崖的大转弯,浮木突然撞击到岩石之上,随着一声沉闷的爆裂声,父女俩被打入浪中,待他们浮出水面,浮木已沿着那道缝隙一分为二,另一半已漂远。

那根浮木明显承受不住两个人的重量,身体在渐渐下沉,赵容又紧张起来。

"孩子,这木头只能容一个人,你自己漂吧。千万要抓紧,只要抱住它,就能活命啊!"赵铁义说完,一下子松开了浮木。

几乎是一瞬间,女儿感到浮木猛地上扬,而在自己身体上浮时,爸爸的身影却渐渐被洪水吞没。"爸爸……"面对女儿疯狂的呼喊,除了一声天地叹息的惊雷,赵铁义再也无法回应……

水天两茫茫,暴雨仍在继续。但女儿已不再恐惧,心中只有一个念头:"爸爸,女儿一定听你的话,我一定要活命"这位 17 岁的少女,在历经两个小时、漂流 60 多里后,终于到达了一个平静开阔的水库。等待雨后捞木的一个村民发现了奄奄一息的她。

后来,赵容常常梦到为救她而死的父亲。她在梦中对父亲说:"爸爸,下辈子别松手!"

无奈的母爱

◎ 天涯牧秋

受朋友之托，替他管理几天"熊庄"，那是位于市西北部山脚下一所隐蔽的别墅，也是朋友养熊的庄园。

是夜，五更时分，我在小楼里辗转难寐。山风不断送入一阵阵恐怖的叫声，像一声声悲泣，既痛苦又绝望。恰在此时，我仿佛听到门上有轻轻的动静，"咯吱，咯吱"，同时还伴着粗重的呼吸。我猛一翻身坐了起来，随手拉开了灯："谁?"没有任何回答，沉寂得煞是怕人。我伸手抓起一把扫帚，轻轻走到门边，猛地拉开了房门。哈，门外蜷缩着一只小熊，它胖胖的身躯蜷作一团，毛烘烘的鬓发柔软地蓬松着。它怯怯地望着我，发出近乎谄媚的喏喏叫声，"熊熊，来，来啊，"我张开手，小熊摇摇摆摆地爬到我面前，小掌搭在我身上，用那温暖的舌头舔着我的手，柔软极了。突

然，一阵喧哗声从外面传来，小熊眼神一怔，敏捷地钻到了床下面。很快，传来敲门声，我拉开门问道："什么事啊？""熊房刚跑了只小熊，没来打扰先生吧？""哦，有啊，在这呢。"我指着小熊躲藏的地方。他们俯下身，一把就抓住了它，粗暴地从里面用力地往外拖着，他们把4只熊腿对足绑定，用一只粗长的棍子穿起来抬走了。小熊在离开房门时，那仰着的头颅弯过来无助地望了我一眼，那是乞求的可怜目光。

143

天亮后，带班的老张说领我去熊房看看。来到一个有几千平方米的高大建筑里，里面很空旷，平放着6个笼子，每个笼子里都有一只萎靡的黑熊。奇怪的是它们身上都箍着一个明晃晃的像肚兜的东西。老张告诉我，"这是取胆汁用的，现在的熊胆汁价格是每克300元。"他带我来到第一个笼子跟前，打手势告诉我："采胆汁开始了。"我看见两个彪悍的工人麻利地左右绑好熊躯，在那肚兜两侧各拉起一条粗大的绳子，经过一个特制的滑轮，齐喊了声"嗨——"只见熊身上的钢肚兜渐渐地收缩着，收缩着。突然，熊发出了歇斯底里的吼叫："呜——"那简直不是吼叫啊，那简直是凄哭，之间他拼命仰着头，痛苦地瞪圆了眼睛，4个粗大的熊掌在有限的空间蹬抓着地面，发出"滋拉，滋拉"地刺耳声响，瞬间，那腹下的钢管里"滴答，滴答"地流出了碧绿色的液体。操作工人又慢慢松开绳子，接着拉起下一个回合，

又是一个声嘶力竭的泣叫。我看到熊的眼泪瞬时淌下来，它竟然也像人一样咬紧了牙齿，躬起了身体去承受着无休止的痛苦。好悲惨的一幕啊，我不忍再看，扭头走开了。此时，我才明白，夜里那些悲叫是这些带着伤痛的熊，在难挨的暮色里发出的呻吟啊。

老张跟我到门口，我声音颤抖的质问他："你们还有人性吗？它们可都是生命啊！"老张淡淡地说道："没办法，我们干的就是这样的活啊。"情绪稍定，我无奈地问他："多长时间采一次胆汁？"他回答道："那要看情况了，胆汁多的一天两次，少的最迟两天要一次，一般一个熊年产胆粉2000克，可以采10年。"我的心战栗了，一天两次，10年，这是个什么样的魔鬼数字啊，也就是说，这样欲死的折磨每天都要进行两次，要在这样欲生不能的刑法里忍受10年，7200次剜心剔骨啊。要日复一日，年复一年的熬啊，纵是人的坚强生命力，也肯定难以坚持下来，我的心痛痛的。

我提出要回去。老张说："一会要对小熊手术，这个关键时刻你可不能走，你代表刘总，你走了，出了事谁能负得起这个责任！"我只好跟他又回到了熊房。在他招呼下，4个彪悍的工人围拢到了小熊跟前，用铁链子紧紧地捆绑起那只小熊。小熊惊恐地望着大家，当它的眼睛看到我时，顿时一亮，渴求地望着我。我的眼睛湿润了，此时，它竟然"扑通"一声向我跪了下来，是4个蹄子同时跪下……老张摆摆

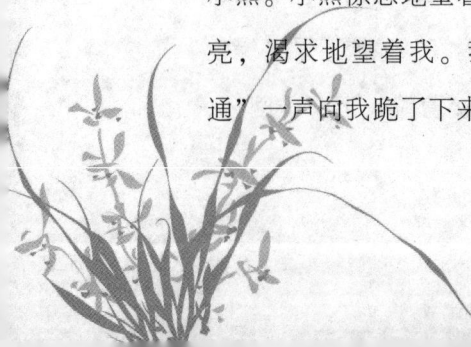

手，命令开始手术，小熊失望地朝着屋顶，放声大哭"呜——"那声音惨极了，失望极了，是我在这个世界上从未听过的震撼心灵的呼喊，它简直就是用人类的语言呼喊出来的一个"妈"字，就连那些刽子手般的工人也为之一震。就在此时，一个异常震撼的情景出现了，只见笼子里的一只大熊嘶叫了一声，竟然用那巨掌一点点地撑开了拇指般粗的铁笼子，蹦了出来。吓得那些工人四下逃窜，我顿时呆住了，脚下像生了铅，一步也移动不得。可大熊没有理会我的存在，飞快地蹦到了小熊的跟前，用那笨拙的巨掌去解那粗粗的链子，可怎么也解不开，它只好亲吻着小熊，勉强地把它依偎在自己的怀里，用舌头慈爱地舔去小熊眼中的泪水，哼哼叫着去抚慰自己亲爱的孩子。小熊也像在连连叫着妈妈，"呜呜"地呜咽着，求妈妈救救自己。

突然，大熊狂叫着，用自己的巨掌狠狠地掐住小熊的脖子，吼叫着用尽力气掐着，掐着……直到小熊的身体软绵绵地倒下来，它才松开了自己的巨掌，它看着已经死去的孩子，它呜咽着。哀鸣着，仿佛在喊："孩子啊，妈妈救不了你，但你再不会去受罪了，妈妈对不起你啊——"它先是撕咬着自己的毛发，接着一把拽下了身上的钢肚兜，那钢管带着半个胆囊飞了出来，肚子上的毛皮顿时被鲜血染红了，汩汩的流淌着殷红的赤丹。只见它大叫一声，疯了似的向墙壁撞去，"砰——"墙壁轰然倒塌了。我麻木了，根本不知道

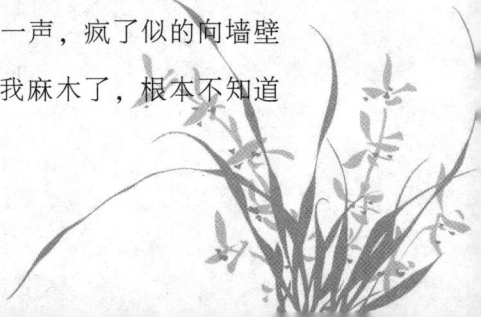

自己是如何走出这个残酷的熊房的。

　　整整一天，我脑海里都是那些悲惨的一幕。我在心中自问：熊妈妈的举动是母爱？我想是的，是一种无奈的母爱。在此时此地，它没有能力帮助孩子解脱那 10 年地狱般的痛苦，无奈之下，只有把创造了的爱毁掉，再去冥冥之中陪伴它，寻觅它，唯有如此啊！

生命的养料

◎ 佚　名

　　一个小男孩几乎认为自己是世界上最不幸的孩子，因为患脊髓灰质炎而留下了瘸腿和参差不齐且突出的牙齿。他很少与同学们游戏或玩耍，老师叫他回答问题时，他也总是低着头一言不发。

　　在一个平常的春天，小男孩的父亲从邻居家讨了一些树苗，他想把它们栽在房前。他叫他的孩子们每人栽一棵。父亲对孩子们说，谁栽的树苗长得最好，就给谁买一件最喜欢的礼物。小男孩也想得到父亲的礼物。但看到兄妹们蹦蹦跳跳提水浇树的身影，不知怎么地，萌生出一种阴冷的想法：希望自己栽的那棵树早点死去。因此浇过一两次水后，再也没去搭理它。

　　几天后，小男孩再去看他种的那棵树时，惊奇地发现它不

仅没有枯萎，而且还长出了几片新叶子，与兄妹们种的树相比，显得更嫩绿、更有生气。父亲兑现了他的诺言，为小男孩买了一件他最喜欢的礼物，并对他说，从他栽的树来看，他长大后一定能成为一名出色的植物学家。

从那以后，小男孩慢慢变得乐观向上起来。

一天晚上，小男孩躺在床上睡不着，看着窗外那明亮皎洁的月光，忽然想起生物老师曾说过的话：植物一般都在晚上生长，何不去看看自己种的那颗小树。当他轻手轻脚来到院子里时，却看见父亲用勺子在向自己栽种的那棵树下泼洒着什么。顿时，一切他都明白了，原来父亲一直在偷偷地为自己栽种的那颗小树施肥！他返回房间，任凭泪水肆意地奔流……

几十年过去了，那瘸腿的小男孩虽然没有成为一名植物学家，但他却成为了美国总统，他的名字叫富兰克林·罗斯福。

爱是生命中最好的养料，哪怕只是一勺清水，也能使生命之树茁壮成长。也许那树是那样的平凡、不起眼；也许那树是如此的瘦小，甚至还有些枯萎，但只要有这养料的浇灌，它就能长得枝繁叶茂，甚至长成参天大树。

生命的奇迹

◎ 佚　名

她是拼上命也要做母亲的。

她的命原本就是捡来的。4年前，25岁，本该生如夏花的璀璨年华，别的姑娘都谈婚论嫁了，而她却面容发黄，身体枯瘦，像一株入冬后寒风吹萎了的秋菊。起初不在意，后来，肚子竟一天天鼓起来，上医院才知道是肝出了严重的问题。

医生说，如果不接受肝移植，只能再活一个月。所幸，她的运气好，很快便有了合适的供体，手术也很成功——她的命保住了。

她是个女人，渡过险滩，生命的小船还得沿着原来的航向继续。两年前，她结婚了，嫁为人妻。一年前，当她再次来医院进行手术后的常规例行检查时，医生发现，她已经怀孕3个月了。

孕育生命，是一个女人对自己生命极限的一次挑战，更何况是她，一旦出现肝功能衰竭，死神将再次与她牵手。这一切，她当然懂得，但是，她真的想做母亲。需要付出什么代价，她都舍得，她要的，只是这个结果。

2004 年 3 月 18 日，医生发现胎儿胎动明显减少，而她又患有胆汁淤积综合症，可能导致胎儿猝死，医院当机立断给她做了剖腹产手术。是男孩，小猫一样脆弱的生命，体重仅 2 公斤，身长 42 厘米。虽然没有明显的畸形，但因为没有自主呼吸，随时可能出现脑损伤及肺出血，只好借助呼吸机来维持生命。

而这一切，她都不知情，因为她自己能否安全度过产后危险期，都还是个未知数。她要看孩子，丈夫和医生谎称，孩子早产，需要放在特护病房里监护。

自己不能去看孩子，她就天天催着丈夫替她去看。等丈夫回来了，她便不停地问，儿子长得什么样，到底像谁？他现在好不好？有一天，她说做梦梦见了儿子，但是，儿子不理她。

7 天过去了，她一天天好起来，天天嚷着去看儿子。但孩子仍然危在旦夕，情况没有一丝好转。怎么办呢？医生和丈夫都束手无策。只是，再不让她去看孩子，已经说不过去了。但愿，她是坚强的。

第八天，她来到了特护病房。看到氧气舱里，皱皱的，皮肤青紫的儿子浑身插满了管子，她无声地落泪了。病房里鸦雀

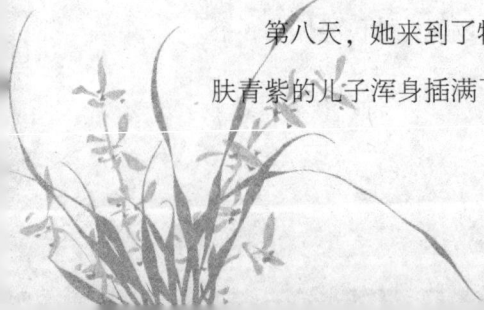

无声，所有人都不知道该怎样安慰这个心碎的母亲，甚至不知道该怎样向她解释这一切。

她打开舱门，把手伸进去抚摸着儿子小小的身躯和他手可盈握的小脚丫。一下一下，她小心翼翼地，像在抚摸一件爱不释手的稀世珍宝。那一刻，空气也仿佛凝固了。

突然间，奇迹出现了，出生后一直昏迷的小婴儿，竟然在母亲温柔的抚触下第一次睁开了眼睛。医护人员欢呼雀跃着，那个7天来一边为儿子揪心，一边又只能在妻子面前强颜欢笑的男人，此时此刻，泣不成声。而她，痴痴地、久久地与儿子的目光对视着。

第九天，小婴儿脱离了呼吸机，生命体征开始恢复。

第十一天，小婴儿从开始每次只能喝2毫升的奶，发展到可以喝下70毫升牛奶。而且他的皮肤开始呈现正常婴儿一样的粉红色，自己会伸懒腰、打哈欠，四肢活动自如，哭声洪亮。

第十二天，她抱着她的儿子——她用命换来的儿子，她用爱唤醒的儿子，平安出院。当天各大报纸有消息说，全国首例肝移植后怀孕并生产的妈妈今日出院。她的名字叫罗吉伟，云南盐津人。每天都有类似的新闻，不过是报纸上的一角，仿佛与我们的生活无关。但是，又有谁了解，这背后，一个母亲所创造的奇迹。

一尊伟大的雕塑——妈妈

◙ 刘 宁

她已经死了，被崩落下来的房子压着。

透过垮塌的废墟间隙，她的双膝跪着，上身向前匍匐，双肘撑地，有些像古人行跪拜礼。

她的头杵在一只手背上，有泪，血，和着泥沙，凝固在额头和手上。

她的身体被压得变形，看上去有些诡异。

她的身体下面躺着孩子，包在粉红色黄花的小被子里面，有三四个月大。

因为母亲的身体庇护着，他毫发未伤，嘴里含着妈妈的乳头，安静地睡着，红扑扑熟睡的脸让所有人感到温暖。

有一部手机塞在襁褓里，屏幕上是一条写好的短信：

"亲爱的宝贝，如果你能活着，一定要记住我爱你"！

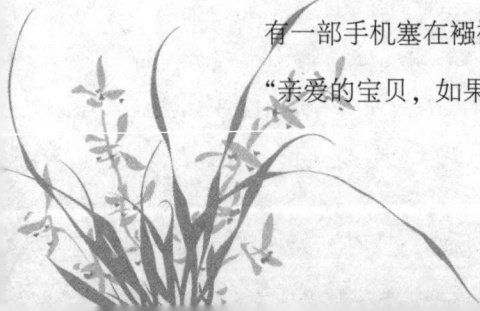

突然，天地摇晃，头晕目眩，脚下开始翻腾抖动，人失去重力，像落叶一样飘起。地球再一次向贪婪的人类发出狂怒的咆哮……

孩子，孩子，如条件反射般迅速，她转身抱起孩子，奋力地向屋外跑……

顷刻间，山崩地裂，泥石流乱飞，数万同胞葬身崩塌的碎石瓦砾……

终未能逃脱恶魔追逐，她和孩子跌倒在地上。敦厚的房屋也失去常性，疯狂地撕碎自己，往她身上砸……

勿需思考，她已经弯腰俯地，用身体护住孩子了。在越堆越高的废墟底下，她的双膝坚定地跪立，双肘撑地，支撑身体把垮塌的房子顶起……

她很快就克制了恐惧和慌乱，没有顾及疼痛。宝宝就在身体下面躺着呢，包在粉红色黄花的小被子里面，他刚有 3 个月大。

不能焦躁，他在听着妈妈的心语呢，那双机灵的眼睛最能辨析妈妈的神情了，敏锐的耳朵最能体察妈妈的心声。

她不呼喊，也不挣扎，内心淡定，柔顺，心态平静。她要把微笑和安祥带给孩子，要把所有的美好带给他，哪怕世界充满尘埃和喧嚣。

她得撑起一片晴空，不让一丝不安惊扰宝宝。

她能带给孩子祥和，安乐，哪怕世界充斥无助和危机。

153

她把头杵放在右手背上，使自己略感舒适。腾出左手，在身下小心地摸索了一阵，调整好宝宝的位置，然后，上身向下匍匐，把一只乳头塞进孩子口中……

冷酷的余震使残骸继续下压，她的身体在强压和抵抗的作用下慢慢变形……

现在，她艰难地把孩子的嘴转换到另一只乳头上，再次调整，确认宝宝安然无恙了，掏出手机。

心，疼得颤抖，泪，不停涌出，汹涌如洪流。泪，血，和着泥沙，浇灌在额头和手上，慢慢凝固……

她吃力地开启手机，写上短信息："亲爱的宝贝，如果你能活着，一定要记住我爱你"，又塞放进襁褓里。

黑暗中，她努力挺拔起柔弱又刚强的身躯，竭尽全力，抗拒无尽的压力……

为了孩子，她能承受。

她本是很脆弱的人啊，在妈妈面前也还是孩子，在丈夫怀里常常撒娇。

不过现在，是在孩子面前呢，必须镇定，只淌淌泪而已，并不急躁。

需要坚持，再多坚持一分钟，就能为宝宝多赢得一线生机。

在母亲的躯体支撑起来的结实的小小蜗居里，宝宝享受着宽广、博大……

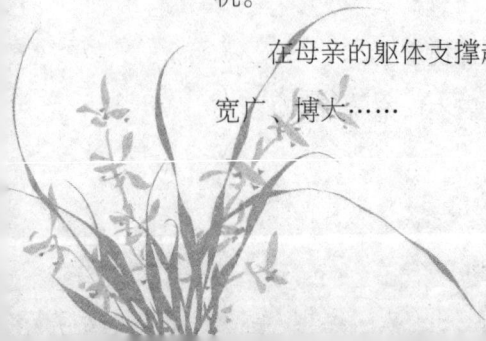

他嗅着妈妈芬芳飘逸的体香，听着妈妈渐渐微弱的呼吸，"咯咯咯"笑了，天真无邪，世界多么温馨。母亲的生命在宝宝的笑声中升华，在哺乳中传递……

他又睡着了，在母爱奏鸣曲的伴奏中熟熟地睡着了，红扑扑的脸上满是幸福祥和。

他继续吸吮着，吸吮着，不舍地吸吮着，不愿醒来。梦乡里，是妈妈亲切的面容，脸上洋溢温暖、灿烂的光辉。恬恬的梦的笑妍，透露出温暖、安宁和欣喜。

母爱，保护着孩子远离灾难、惊吓和创伤。母爱，让地球重生……

奇迹的名字叫父亲

◉ 叶倾城

1948 年，在一艘横渡大西洋的船上，有一位父亲带着他的小女儿，去和在美国的妻子会合。

海上风平浪静，晨昏瑰丽的云霓交替出现。一天早上，父亲正在舱里用腰刀削苹果，船却突然剧烈地摇晃，父亲摔倒时，刀子扎在他胸口。人全身都在颤，嘴唇瞬间乌青。

6 岁的女儿被父亲瞬间的变化吓坏了，尖叫着扑过来想要扶他。他微笑着推开女儿的手："没事，只是摔了一跤。"然后轻轻地拾起刀子，很慢很慢地爬起来，不引人注意地用大拇指擦去了刀锋上的血迹。

以后 3 天，父亲照常每晚为女儿唱摇篮曲，清晨替她系好美丽的蝴蝶结，带她去看大海的蔚蓝，仿佛一切如常。而小女儿却没有注意到父亲每一分钟都比上一分钟更衰弱、苍白，他

看向海平线的眼光那样忧伤。

抵达的前夜，父亲来到女儿身边，对女儿说："明天见到妈妈的时候，请告诉妈妈，我爱她。"女儿不解地问："可是你明天就要见到她了，你为什么不自己告诉她呢？"他笑了，俯身，在女儿头上深深刻下一个吻。

船到纽约港了，女儿一眼便在熙熙攘攘的人群里认出母亲，她在喊着："妈妈！妈妈！"

就在这时，周围忽然一片惊呼，女儿一回头，看见父亲已经仰面倒下，胸口血如井喷，霎时间染红了整片天空。

尸检的结果让人惊呆了：那把刀无比精确地洞穿了他的心脏，他却多活了3天，而且未被任何人知觉。唯一可能的解释是因为创口太小，使得被切断的心肌依原样贴在一起，维持了3天的供血。

这是医学史上罕见的奇迹。医学会议上，有人说要称它为大西洋奇迹，有人建议以死者的名字命名，还有人说要叫它神迹……

"够了。"那是一位坐在首席的老医生，须发俱白，皱纹里满是人生的智慧，此刻一声大喝，然后一字一顿地说："这个奇迹的名字，叫父亲。"

生死时速

◻ 雨　含

猝然的灾难

布鲁斯是美国洛杉矶一家金属制品加工厂的工人，全职太太丹尼丝和 10 岁的儿子约翰逊是他生活的支柱。

艰辛的生活，让小约翰逊变得非常懂事乖巧。每天早晨儿子灿烂的笑容，明媚了布鲁斯夫妇疲惫的心灵。

2005 年 6 月 1 日，布鲁斯夫妇兴致勃勃地应邀到学校观看儿子的棒球比赛。赛场上，约翰逊的出色表现，让全场的人为之欢呼，可就在轮到约翰逊击球时，约翰逊手还没举过头顶，却猝然倒地昏死过去。

心急如焚的布鲁斯夫妇火速把约翰逊送到医院，医院院长凯瑟琳和心脏外科专家特洛克大夫介绍了约翰逊的病情：约翰

逊患有先天性心脏病，他的心脏比正常人的大3倍，已经丧失了其正常功能，无力向身体其他器官输送血液，倘若不做心脏移植手术，最多只能活两个月。如果选择做手术，就需要事先在心脏移植等待供体名单上登记。

听了特洛克大夫的介绍，布鲁斯急切地说："那还犹豫什么，我们做手术！"凯瑟琳凝重而遗憾地说："做手术的风险同样很大。另外心脏移植手术的费用非常昂贵，最少也要25万美元，如果两周之内你们不能预先交纳7.5万美元的现金，医院将把约翰逊从等待名单上删除。"

布鲁斯紧张地答道："可是我们有医疗保险的！"凯瑟琳摇着头说："你们的健康保险并不包含这类手术！"

其实凯瑟琳说的都是实话。针对布鲁斯这样的低收入者，美国保险制度进行了调整，在投保金额降低的情况下，布鲁斯最多只能拿到两万美元的保险金。

保险金已经指望不上了，他们来到福利救济机构求援，可工作人员告诉他："福利机构只向失业人员提供帮助，你并不符合救助条件。"

两个星期过去了，布鲁斯只筹到了3万美元，看着躺在病床上的儿子气息微弱地说："爸爸，我什么时候出院呀？下个月我还要参加棒球比赛呢？"悲情难抑的布鲁斯冲到院长办公室，一头跪在了凯瑟琳的面前："求求你救救我儿子，千万不要把他从名单中删去。我发誓我会把欠款还上，用我的余生报

答医院的救命之恩！"

凯瑟琳一时有些无措，可是最终她还是硬着心肠说："医院治疗是要成本的，它不是慈善机构，另外约翰逊的病情越来越严重，恐怕都难以支撑等到合适的供体。要知道全美国每年等待心脏移植的患者超过 4000 例，可提供的供体心脏却不到一半。"

疯狂地劫持

6 月 20 日，当布鲁斯卖完血、刚来到医院，就看到妻子丹尼丝在病房外抹泪。她悲痛地扑到他的怀里："我们的儿子没救了，刚才特洛克大夫已经把约翰逊从名单中删除，放弃了对他的治疗。"

这个消息让已有心理准备的布鲁斯还是心头一震，他紧紧地抱了抱妻子，然后径直来到约翰逊的床前，像往常一样给约翰逊念起了他最爱的《哈里·波特》。刚念完一节，约翰逊却出其不意地说："爸爸，如果我也能找到哈里·波特的魔法石，就不会死了是吗？"

儿子的话让他最后下了决心，他决心去实施使他犹豫了无数次的那个念头。他飞速地跑回医院，找到特洛克大夫，拉着他的手恳求道："求求你不要放弃我儿子，为了他我愿意舍弃一切！"

布鲁斯的肺腑之言让特洛克涌起一丝感动的暗流，他有些无奈地说："这是董事会做出的决定，我无能为力！再说现在也没有合适的供体。"

布鲁斯听到这话，犹如五雷轰顶，全身冰凉，只觉得自己一直朝着深渊坠下去……走投无路的他哆哆嗦嗦地掏出准备好的手枪，指着特洛克的脑袋大声喊道："不！不！我不求你了，你必须救我的儿子！"说着他用枪把特洛克大夫逼进了急诊室，看到特洛克被劫持，急诊室里的病人和医生四处逃窜。

接到报警后，火速赶来的警察将医院包围得水泄不通，医院院长凯瑟琳气愤地对警察局长哈里斯说："警方一定要严惩歹徒，保护人质和院方的安全！"

哈里斯局长通过对讲机与布鲁斯取得联系。布鲁斯急躁地说："我不想伤害任何人，我只想救我的儿子。"

哈里斯了解了急诊室的布局结构后，立刻与防暴队研究制服布鲁斯的方案：允许丹尼丝拨打急诊室里的一部电话，趁着布鲁斯接电话，完全暴露在枪口之下时，让狙击手从通风管道潜入击毙他。

很快丹尼丝母子被接到医院监控室里，在这里通过监视器可以看到急诊室的一切。在监控室，凯瑟琳院长对丹尼丝说："布鲁斯的举动虽然疯狂，但他的爱子之心真的让我很感动，我同意把约翰逊的名字重新列入等待器官移植的名单。"

不知情的丹尼丝按照授意拨打了电话，泣不成声地说：

"布鲁斯，他们答应把约翰逊的名字列在名单上了。"

布鲁斯闻讯脸上涌起一丝苦涩的表情，他让丹尼丝把话筒搁在约翰逊的嘴边，此时的约翰逊已是气若游丝，他微弱地叫了一声"爸爸"后再也无力说话。

就在这时，急诊室响起了尖锐的枪声。丹尼丝情不自禁地扑向监视屏，只见中弹的布鲁斯应声倒下。丹尼丝转过身疯狂地斯打着凯瑟琳："你们这些骗子，杀死了我的丈夫，他没有恶意，只是想救自己的儿子啊！"

162

沉重的礼物

然而令人吃惊的事情发生了，原来他只是被击中了左臂。只见布鲁斯用手枪指着特洛克说："我知道即使医院真的把约翰逊的名字列在名单上，他也无法支撑等到合适的供体，前天我在医院做了配型，我的心脏完全适合约翰逊，因此我请求你杀了我，把我的心脏移植给我的儿子，请成全我作为父亲的最后心愿。"

布鲁斯的话让特洛克目瞪口呆。他感动地劝慰："你想救儿子的心情我可以理解，可是我们必须面对现实，我怎么可能为了救你的儿子把你杀了？这也是犯法的呀！"

布鲁斯绝望地说："你可以不杀我，你却无法阻止我自杀。我死后，请你不要浪费了一颗鲜活的心脏，请成全一个父

亲最后的心愿！"

这时布鲁斯从裤袋里掏出一枚子弹缓缓地放进手枪里，特洛克吃惊地说："你一直握着一把空枪？"

布鲁斯黯哑地答道："我从来就没有想要伤害任何人，我准备手枪是想在走投无路时用它把我的心脏献给儿子。"说着他一手掏出事先写好的心脏捐献协议书递给特洛克，一手把枪对准了自己的太阳穴，然后缓缓地躺到手术台上。

目睹这一切的丹尼丝抓过哈里斯手中的对讲机喊道："布鲁斯，你不要这样，我和孩子离不开你，你说过要陪我一生一世！"

然而布鲁斯在这一刻已经关闭了对讲机，于是丹尼丝发疯似的冲向急诊室。

而此时，凯瑟琳同样心潮起伏；从没有一种力量让她如此感动，布鲁斯如山的父爱深深震撼着她的心灵，她和丹尼丝一起冲向了急诊室。然而，布鲁斯已经扣动了扳机。

爱心的奇迹

老天有眼啊！就在这关键时刻子弹居然卡壳了。趁这个空当，特洛克扑上去摁住了布鲁斯，凯瑟琳在门外高声喊道："请不要放弃生命，让我们一起来想办法！"

随后赶来的警察砸开了大门，凯瑟琳气喘吁吁地说："我

有办法挽救约翰逊！""马上给约翰逊安装电动人造心脏，等
待有供体心脏后再接受心脏移植。"

"可是我没有足够的手术费！""你不是已经发誓会把欠款
还上，用你的余生报答医院的救命之恩吗？"凯瑟琳郑重地说：
"请相信我，接受我对一位父亲的敬意！"说着她着手安排约翰
逊的手术，当她得知哈里斯马上要把布鲁斯押上警车时，她诚
恳地说："请让布鲁斯等儿子做完手术，此案的重点是生命，
不是审判！"

同样深受感动的哈里斯局长让警员守着布鲁斯留在手术室
外，直到手术完成才把布鲁斯押回警局。

很快，这一起离奇的劫持人质案件被媒体报道，立刻成为
全美关注的焦点。布鲁斯真挚的父爱感动了洛杉矶，一笔笔爱
心捐款飞到了布鲁斯的账户，不到一个月捐赠的善款高达50
万美元。

几个月后约翰逊等来了和他相匹配的心脏供体，心脏移植手
术成功后的约翰逊笑靥绽放，依旧是那个活泼、幽默的男孩。

8月25日，对布鲁斯的审判如期进行，布鲁斯的故事感
动着充满爱心的人们，也撼动着陪审团。法庭最后以劫持人质
的罪名从轻判处布鲁斯3年徒刑。

判决过后，布鲁斯被押往监狱。在为他送行的人群中，重新
恢复了健康的约翰逊做了一个强力挥棒的姿势，高声喊道："爸
爸，谢谢你！"那一刻，布鲁斯心中感到了无限的宽慰和坦然。

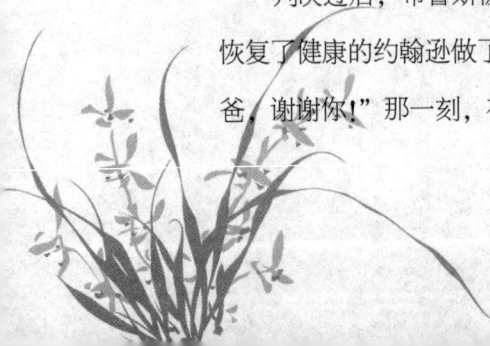

活着就有希望

◎ 熊家盈

曾经看过一个故事，说的是有一个富翁，他要捐钱给那些对生活完全失去希望的人。他理所当然地认为乞丐是没有希望的，但当他递钱给乞丐并说明原因后，却遭到了乞丐的断然拒绝。乞丐忿忿说："只有死去的人才没有希望！"

"只有死去的人才没有希望！"言下之意就是说，每一个活着的人都有希望，希望存在于每一个活着的人心中。希望从来就不曾把我们遗弃，只是我们自以为是，把希望看简单了，以为存在不存在是显而易见的，却没有真正用心去寻找并发现它。有些人遭遇了一点点挫折，就心灰意冷，自怨自艾，感叹人生，说："我这辈子是没有希望的了！"他们还活着，怎么能说没有希望了呢？哪怕只剩下一点点时间，只要还活着就有希望。其实他们不知道，希望犹如天上的星星，伴他们走过漫

漫长夜；希望犹如盛放的花朵，给他们送去淡淡幽香；希望犹如时光老人，默默注视他们的每一步人生。希望是我们最忠实的伙伴，始终对我们不离不弃，而我们却过多地关注输赢得失，忽视了它的存在。每一个自以为没有希望的人是否都应该反省一下，是自己在沉沦还是真有其事？是不是希望就真的已经远离我们而去？

我也曾经迷茫过，失落过，认定自己没有希望了，结果害得自己平平庸庸，一事无成。当看到那个故事时，心如蝶翼般地颤抖，久久不能平静。真有点想不到，乞丐也会有希望。我还活着，我还年轻，状况比乞丐不知要好多少倍，又怎么会没有希望？活着是希望的本钱，我们应该好好地利用，不要辜负了亲朋挚友对我们的期待。

我有希望，我有梦，我的人生不应该布满灰色。也许梦的实现是一段遥遥无期的路，需要付出很多的努力，但我知道，"千里之行，始于足下"，成功是日积月累的结果，从来就没有人可以"得来全不费功夫"。只要不轻言放弃，保持着斗志，总会有梦想成真的一天；这个世界上没有永远的失败，只有暂时没有的成功。

当你处于人生的低潮时，当你觉得自己没有希望时，千万不要自暴自弃，挫折只是我们成长过程中的小插曲，是使我们更加坚强的动力。我们应该知道，"只有死去的人才没有希望！"请记住这句话吧，它可以让你一生受用。

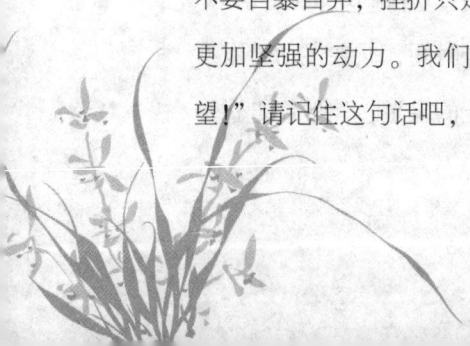

不能流泪就微笑

◎ 聂小武

　　在美国的一座山丘上，有一间不含任何有毒物，完全以自然物质搭建而成的房子，里面的人需要由人工灌注氧气，并只能以传真与外界联络。

　　住在这间房子的主人叫辛蒂。1985 年，辛蒂在医科大学念书，有一次到山上散步，带回一些蚜虫。她拿起杀虫剂为蚜虫去除化学污染，却感觉到一阵痉挛，原以为那只是暂时的症状，谁料到自己的后半生就毁于一旦。杀虫剂内含的化学物质使辛蒂的免疫系统遭到破坏。她对香水，洗发水及日常生活接触的化学物质一律过敏，连空气也可能使她的支气管发炎。这种"多重化学物质过敏症"是一种慢性病，目前无药可医。患病头几年，辛蒂睡觉时口水流淌，尿液变成了绿色，汗水与其他排泄物还会刺激背部，形成疤痕。她不能睡经过处理的垫

子，否则会引发心悸。辛蒂遇到的这一灾难所承受的痛苦是令人难以想像的。1989 年，辛蒂的丈夫吉姆以钢和玻璃为她盖了一个无毒空间，一个足以逃避所有威胁的"世外桃源"。辛蒂所有吃的、喝的都得经过选择与处理，她平时只能喝蒸馏水，食物中不能有任何导致过敏的化学成分。

8 年来，35 岁的辛蒂没有见到一棵花草，听不见悠扬的声音，感觉不到阳光，流水。她躲在无任何饰物的小屋里，饱尝孤独，却连大哭一场都不可以，因为她的眼泪跟汗一样，可能成为威胁自己的毒素。

而坚强的辛蒂并没有在痛苦中自暴自弃，她不仅为自己，也为所有化学污染物的牺牲者争取权益而奋战。1986 年，辛蒂创立了《环境接触研究网》，致力于对此类病变的研究。1994 年再与另一组织合作，另创《化学伤害资讯网》，保证人们免受威胁。目前这一资讯网已有 5000 多名来自 32 个国家的会员，不仅发行刊物，还得到美国上议院、欧盟以及联合国的支持。

生活在这寂静的无毒世界里，辛蒂却感到很充实。因为不能流泪的疾病，使她选择了微笑。

人生不打稿

169

◎ 李雪峰

村庄里有家姓张的，是个家道殷实的富户，有田产、有商号，还有许多的仆人，在方圆百余里，是有名的财富之家。他们的儿子 10 岁了。他们一心要让儿子练习画画。

就在这个村庄里，还有一家姓李的，十分贫寒，家徒四壁不说，连一口二餐糊口都很艰难。他们的儿子也 10 岁了，他们也盼望儿子去学画画，然后成为一个画值千金的画家。

他们都把儿子送到田画家的门下。

送孩子来时，张家带来了很多便宜的宣纸，对老师田画家说："孩子刚开始学画，这些便宜的宣纸就行，涂涂画画的，用不着太上乘的纸。"老师随便翻翻看看，果然是些极低劣的宣纸。破旧不说，每张纸都缺角烂洞的，根本用不成。但张家说："现在不是刚学着画嘛，这些烂纸就行了。等他学成大画

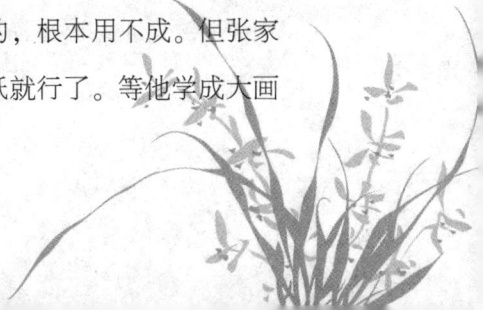

家了，自然给他用好纸。"

李家就和张家不同。送孩子来时，尽管一家人穿的都是打着一块块补丁的旧衣服，但给孩子带来的纸却是最好的，这种纸最贵。连老师平常都不敢随便用，一刀纸的钱，几乎够他们一家人支撑一个月的生活了。老师劝姓李的家长说："孩子刚学画画，纸能用就行，这样的纸太贵了。"不想姓李的家长说："纸贵，孩子就惜墨，就不敢随便涂鸦的，这样学起来他就会更认真些。"

果然，学画时，姓张的孩子往往不加推敲就信手涂来涂去的，老师劝他认真画，孩子不屑一顾地说："这种破纸多的是，一张不行再用一张不就得了？"而姓李的孩子就不同了。每每铺开一张纸，他就推敲来推敲去，迟迟不敢下笔。老师催他抓紧画，他郑重地说："我家很穷，可这每张纸都价值不菲啊！我要考虑成熟了才敢下笔，不然就浪费了一张纸啊。"

每天下来，姓张的孩子脚下总是东一张西一张扔满了作废了的画纸；而姓李的那个孩子呢，绝不轻易浪费掉每一张纸，每一张画每落一笔他都很认真。

十几年过去了，两个孩子都成了画家。不同的是，姓张的那个学生作一张画一顿饭的工夫就可以画好。一张画顶多卖三五两银子而已；而姓李那个学生作的画呢，画一张最少要一个月或半年。他的画每幅都价值连城，让珠宝失色，成了一个天下闻名的大画家。

　　人生是没有草稿的。每一天就像一张昂贵的上乘好纸，都不能信手去随便涂鸦，都要"惜心"对待它，就像那个学画的穷孩子，从惜墨渐渐学会去"惜心"。

　　对于岁月，我们谁又是生命的富翁呢？生命中的每一个日子都是珍贵的，不能随便涂鸦掉自己的每一个日子。成功的人生要对每一天"惜心"。

当一块石头有了愿望

◎ 陆勇强

一位名叫希瓦勒的乡村邮递员，每天徒步奔走在各个村庄之间。有一天，他在崎岖的山路上被一块石头绊倒了。

他发现，绊倒他的那块石头样子十分奇特。他拾起那块石头左看右看，有些爱不释手了。

于是，他把那块石头放进自己的邮包里。村子里的人们看到他的邮包里除了信件之外，还有一块沉重的石头，都感到很奇怪，便好意地对他说："把它扔了吧，你还要走那么多路，这可是一个不小的负担。"

他取出那块石头炫耀地说："你们看，有谁见过这样美丽的石头？"

人们都笑了："这样的石头山上到处都是，够你捡一辈子。"

回到家里，他突然产生一个念头，如果用这些美丽的石头

建造一座城堡，那将是多么美丽啊！

于是，他在送信的途中都会找到几块好看的石头，不久他便收集了一大堆。但离建造城堡的数量还远远不够。

于是，他开始推着独轮车送信，只要发现中意的石头，就会装上独轮车。

此后，他再也没有过上安闲的日子。白天他是一个邮差和运输石头的苦力；晚上他又是一个建筑师。他按照自己天马行空的想像来构造自己的城堡。

所有的人都感到不可思议，认为他的大脑出了问题。

20年以后，在他偏僻的住处，出现了许多错落有致的城堡，有清真寺式的、有印度神教式的、有基督教式的……

1905年，法国一家报社的记者偶然发现了这些城堡，这里的风景和城堡的建造格局令他慨叹不已，为此他写了一篇介绍希瓦勒的文章。文章刊出后，希瓦勒迅速成为新闻人物。许多人都慕名前来参观，连当时最有声望的大师级人物毕加索也专程参观了他的建筑。

现在，这个城堡已成为法国最著名的风景旅游点，他的名字就叫做"邮递员希瓦勒之理想宫"。

在城堡的石块上，希瓦勒当年刻下的一些话还清晰可见，有一句就刻在入口处的一块石头上："我想知道一块有了愿望的石头能走多远。"

据说，这就是那块当年绊倒过希瓦勒的第一块石头。

生命的五种恩赐

174

☑ （美国）马克·吐温

在生命的黎明时分，一位仁慈的仙女带着她的篮子跑来，对他说："这些都是礼物，挑一样吧，把其余的留下。小心些，做出明智的抉择！因为，这些礼物当中只有一样是宝贵的。"礼物有5种：名望、爱情、财富、欢乐、死亡。少年人迫不及待地说："无需考虑了。"他挑了欢乐。他踏进社会，寻欢作乐，沉湎其中。可是，每一次欢乐到头来都是短暂、沮丧、虚妄的。它们在行将消逝时都嘲笑他。最后，他说："这些年我都白过了。假如我能重新挑选，我一定会做出明智的抉择。"

仙女出现了，说："还剩4样礼物，再挑一次吧。哦，记住——光阴似箭。这些礼物当中只有一样是宝贵的。"这个男人沉思良久，然后挑选了爱情。他没有觉察到仙女的眼里涌出了泪花。好多好多年以后，这个男人坐在一间空屋里守着一口棺材。他喃喃自忖道："她们一个个抛下我走了。如今，她——最亲密的、最后一个——躺在这儿了。一阵阵孤寂朝我袭来。为了那个滑头商人——爱情——卖给我的每小时欢娱，我付出了一个小时的悲伤。我从心底里诅咒它呀。"

"重新挑吧，"仙女道，"岁月无疑把你教聪明了。还剩 3 样礼物。记住——它们当中只有一样是有价值的，小心选择。"这个男人沉吟良久，然后挑了名望。仙女叹了口气，扬长而去。好些年过去后，仙女又回来了。她站在那个在暮色中独坐冥想的男人身后。她明白他的心思："我名扬全球，有口皆碑。对我来说，虽有一时之喜，但毕竟转瞬即逝！接踵而来的是忌妒、诽谤、中伤、嫉恨、迫害。然后便是嘲笑，这是收场的开端，一切的末了，则是怜悯，它是名望的葬礼。哦，出名的辛酸的悲伤啊！声名卓著时遭人唾骂，声名狼藉时受人轻蔑和怜悯。"

"再挑吧。"这是仙女的声音，"还剩 2 样礼物，别绝望。从一开始起，便只有一样东西是宝贵的，它还在这儿呢。""财富——即是权力！我真是瞎了眼呀！"那个男人说道，"现在，生命终于变得有价值了。我要挥金如土，大肆炫耀。那些惯于嘲笑和蔑视我的人将匍匐在我脚前的污泥中。我要用他们的忌妒来喂饱我饥饿的心灵。我要享受一切奢华，一切快乐，以及精神上的一切陶醉，肉体上的一切满足。这个肉体人们都视为珍宝。我要买，买！遵从，崇敬——一个庸碌的人间商场

所能提供的人生种种虚荣享受。我已经失去了许多时间,在这之前,都做了糊涂的选择。那时我懵然无知,尽挑那些貌似最好的东西。"短暂的 3 年过去了。一天,那个男人在一间简陋的顶楼里瑟瑟直抖。他憔悴,苍白,双眼凹陷,衣衫褴褛。他一边咬嚼一块干面包皮,一边嘀咕道:"为了那种种卑劣的事端和镀金的谎言,我要诅咒人间的一切礼物,以及一切徒有虚名的东西!它们不是礼物,只是些暂借的东西罢了。欢乐、爱情、名望、财富,都只是些暂时的伪装。它们永恒的真相是——痛苦、悲伤、羞辱、贫穷。仙女说得对,她的礼物之中只有一样是宝贵的,只有一样是有价值的。现在我知道,这些东西跟那无价之宝相比是多么可怜卑贱啊!那珍贵、甜蜜、仁厚的礼物呀!沉浸在无梦的永久酣睡之中,折磨肉体的痛苦和咬啮心灵的羞辱、悲伤,便一了百了。给我吧!我倦了;我要安息。"

仙女来了,又带来了 4 样礼物,独缺死亡。她说:"我把它给了一个母亲的爱儿——一个小孩子。他虽懵然无知,却信任我,求我代他挑选。你没要求我替你选择啊。""哦,我真惨啊!那么留给我的是什么呢?""你只配遭受垂垂暮年的反复无常的侮辱。"

生死跳伞

◎ 苏景义

　　汤姆有一架小型飞机。一天，汤姆和好友库尔及另外 5 个人乘飞机飞过一个人迹罕至的海峡。飞机已飞行了两个半小时，再有半个小时，就可到达目的地。

　　忽然，汤姆发现飞机上的油料不多了，估计是油箱漏油了。因为起飞前，他给油箱加满了油。

　　汤姆将这个消息传达后，飞机上的人一阵惊慌，汤姆安慰他们："没关系的，我们有降落伞！"说着，他将操纵杆交给也会开飞机的库尔，走向机尾拿来了降落伞。汤姆给每个人发了一个降落伞后，在库尔身边也放了一个降落伞。他说："库尔，我带着 5 个人先跳，你开好飞机，在适当的时候再跳吧。"说完，他带领 5 个人跳了下去。

　　飞机上就剩下库尔一个人了。这时仪表显示油料已尽，飞

机在靠滑翔无力地向前飞。库尔决定也跳下去。于是他一手抓紧操纵杆，一手抓过降落伞包。他一掏，大惊，包里没降落伞，是一包汤姆的旧衣服！库尔咬牙大骂汤姆。

飞机无力地朝前飞着，往下降着，与海面距离越来越近……就在库尔彻底绝望时，奇迹出现了——一片海岸出现在眼前。他大喜，用力猛拉操纵杆，飞机贴着海面冲过去，嗵的一声撞在松软的海滩上，库尔晕了过去。

半个月后，库尔回到他和汤姆居住的小镇。

他拎着那个装着旧衣服的伞包来到汤姆的家门外，发出狮子般的怒吼："汤姆，你这个出卖朋友的家伙，给我滚出来！"

汤姆的妻子和3个孩子跑出来，一起问他发生了什么。库尔很生气地讲了事情的经过，并抖动着那个包，大声地说："看，他就是用这东西骗我的！他没想到我没死，真是老天保佑！"

汤姆的妻子说了声"他一直没有回来"，就认真地翻看那个包。旧衣服被倒出来后，她从包底拿出一张纸片。但她只看了一眼，就大哭起来。

库尔一愣，拿过纸片来看。纸上有两行极潦草的字，是汤姆的笔迹，写的是："库尔：我的好兄弟，机下是鲨鱼区，跳下去必死无疑。不跳，没油的飞机不堪重负，会很快坠海。我带他们跳下后，飞机减轻了重量，肯定能滑翔过去……你大胆地向前开吧，祝你成功！"

一个女记者与 25 条生命

◎ 张东升

2006 年 4 月 4 日，正在印度洋上作业的韩国"东源 628 号"渔船，突然遭到武装海盗的劫持。船上包括 8 名韩国籍、5 名越南籍、9 名印度尼西亚籍和 3 名中国籍的共计 25 名劳务人员。面对荷枪实弹的海盗，全体船员只得任人宰割，被绑架到索马里海域离海盗基地 3 海里的海面上。而此时，韩国 NBC 电视台 37 岁的女记者金英美也得到了这条令人震惊的消息，她一直搜寻韩国和世界各大媒体对于"东源 628 号"上被绑架人质的报道。然而，一天，两天，一个月，两个月……各大媒体上竟然没有一条关于劫持渔船的消息。一个新闻记者的使命感，使金英美再也坐不住了——她决定只身前往索马里，想方设法登上海盗船，把被绑架人员的真实命运披露出来。

金英美把这一想法告诉了家人，丈夫惊讶地说："那些海

盗个个都是杀人不眨眼的恶魔，韩国身强力壮的男记者成千上万，别人都不去冒险，你一个身单力薄的女记者干吗要往火海里跳？"面对家人的担心和阻拦，金英美耐心地开导："韩国的渔船被海盗劫持，25名人质生死未卜，而我国的媒体竟然没有任何报道，这是我们整个新闻界的耻辱，作为一名记者，揭露事实真相是我的天职啊！"2006年7月3日，金英美踏上前往索马里的危险旅程。在飞机上，金英美含着眼泪给家人写下遗书：如果我此次行程失去了生命，请不要悲伤，我是为自己的职责而死的。

在经历了一周时间的奔波和接洽后，金英美终于来到了索马里海盗劫持渔船的海域。远远地望着停泊在那里整整3个月没有一丝消息的"东源628号"渔船，她突然控制不住自己的情绪掉下了眼泪。韩国女记者只身冒死采访海盗，令索马里地方政府的官员肃然起敬。为了保护这个女记者的生命，他们费尽心机，雇了15个男保镖和一名当地男记者，陪同金英美去与海盗首领商谈采访事宜。

然而，凶狠的海盗首领却拒不接受采访。金英美对海盗说："我听说你们在船上对被绑船员实行了非人的待遇，违反了国际组织对于人质的公约……"海盗一听，连忙称绝无此事，所有人质目前都很安全。见海盗口气有了变化，金英美乘势而上，"既然你们保证没有虐待人质，那为何不敢让我上船亲眼看一下？难道你们荷枪实弹的一群大男人，还怕我一个手

无寸铁的弱女子吗?"金英美的一席话让海盗们哑口无言,只好在确认金英美没有武器的情况下,让她一人上了船。为了详细采访到所有人质被绑架后的真实情况,金英美在海盗的枪口监视下,在船上住了三天两夜。在那几个夜晚,这位历经伊拉克和阿富汗战争的女记者,却生出了从未有过的恐惧——海盗不是正规军作战,一些国际公约限制不了他们,可能在一怒之下,随时都会干出伤害她的事情。然而,面对一个强硬的女记者,海盗们还是怕伤害她引起国际公愤,没敢有一点越轨的举动。

回国后,金英美不顾连日的惊恐和疲劳,连夜制作节目。第二天,她冒死采来的被绑架人质的新闻,在韩国 NBC 电视台播出,韩国民众纷纷要求政府立即拿出良策,确保人质尽快获救。在社会舆论和国际组织的巨大压力下,韩国政府紧急派员和海盗协商,最终以 80 万美元和海盗成交,救出了全部人质。一个女记者忠于天职而不顾生命的举动,最终挽救了 25 条生命。

重生命　轻生活

◎　佚　名

有一种清新的风在城市间流传，那就是"轻生活"，简单、返璞归真、淡然、节约、从容、快乐，比如素面朝天、尽量吃素、多走路少坐车、吃粗粮、穿棉布等。"轻"的是一种生活态度，可以是减肥、减压、抗忧郁、排毒、清还卡账房屋贷款，更可以是"无官一身轻"的潇洒、"轻舟已过万重山"的逍遥、"轻如鸿毛"的颠覆。

其实，这是一种富裕甚至温饱之后的内心减负，所以这样的新生活目前只是在城市里风行，就好像"同情"一词，不是穷人或者地位低下的人可以随便做它的主语，那是另外一种意义的奢侈，心灵的奢侈。

为什么每一片落叶都是趴着，因为伤感太重；为什么恐龙最后灭绝，因为承受不了生命的重。生命很重，所以生活要

轻。

认识一个练瑜伽的白领黄小姐，她谦虚地说："怕老了付不起医药费，所以趁年轻把身体锻炼好了防百病。"之前，她抑郁，睡眠不好，看到比自己漂亮的女人就生气，吃各种维他命成瘾，现在，半年过去了，药少吃了，身体轻盈，减去 8 公斤脂肪和水分，以及精神上千吨重的乌云。

早餐吃水果，滴油不沾，晚餐早早就吃了，让肠胃有足够的时间休息。喝自己烧的水，步行上班。黄小姐说，我们做不了不食人间烟火的神仙，但是，可以少吃点，吃慢点，吃得健康点，对身体好一点，对心灵轻一点。身心有了适当的舒展，也许就能减轻不必要的欲望。悠闲和轻松，需要用心修炼。

另外一个自称是"四大美人之五"的护士王小姐，也是"轻生活"的推崇者，她眼神清澈笃定，没有常人的疲惫和迷茫。她说，她现在追求的是优雅，准确地说是"淡雅"，那是一种境界。她喜欢纯洁的白，干净到轻，再轻到雅。她说，这个年龄的女孩，重点照顾的是容颜、爱情，而它们最好的形容词就是优雅。

是的，优雅比漂亮轻。

优雅轻到只能感觉，漂亮和优雅的区别，用我们周围的事物来比拟的话，就好比花朵的颜色与香味的关系一样：一朵花可能姹紫嫣红，却不一定暗香浮动，疏影横斜；优雅也不是物质堆砌出来的，不是抹上雅顿、兰蔻、SK‑11 的时尚，而是

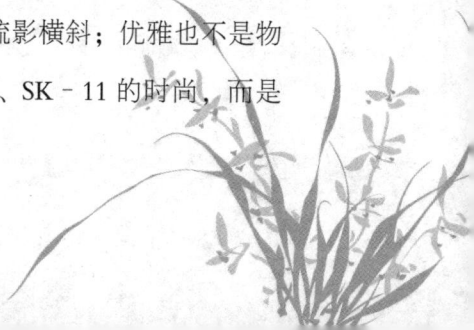

由内而外，自然流露，是静静绽放的百合。

生活好了，所以追求心灵的轻盈。

有首好听的歌——"我是天真"，许女士在包厢里含笑唱这首歌时，她的下属无不鼓掌欢呼。她是个"不端架子工作的"经理，那很累，她选择天真或者率真来与人相处，"我好，他们也好"，她这样笑着说明，自己不辛苦，还给别人带去轻松。

最近网络流行一句话："放开一点、简单一点、单纯一点。集满三点，就会开心一点。"轻生活，不是贫穷，开心就是富有。

古埃及有一位快乐女神，她的丈夫是个明察秋毫的法官。每个人死后，心脏都要被快乐女神的丈夫拿去称量。如果一个人是欢快的，心的分量就很轻。女神的丈夫就引导那有着羽毛般轻盈的心的灵魂飞往天堂。如果那颗心很重，被诸多罪恶和烦恼填满皱褶，快乐女神的丈夫就判他下地狱，永远不得见天日。原来，心轻者可以上天堂。所谓轻生活，就是给心灵一对翅膀，因为轻盈所以快乐，因为快乐所以更轻盈。

一小时造就辉煌

◎ 凤 凰

　　美国的盖洛普民意测验所曾经对 100 多位多才多艺的社会名流的成功经历进行调查，他们从中发现了一个令人吃惊，也是极其简单的结论：他们的辉煌只不过是每天多用了一个小时来做其他事情。二战期间，美国的总统富兰克林·罗斯福的精力十分旺盛，许多人都认为他是休息得好，还有人认为他是食用了营养品。但盖洛普的调查结果却是罗斯福每天都花一个小时的时间，把自己关在屋子里玩邮票。世界织布业的巨头威尔福莱·康日理万机，他在中年以后却成为了一名出色的油画家。原因是他每天早起一个小时来画画，一直画到吃早饭为止。画画让他养成了早起的习惯，因此他的身体也特别地健康。十多年过后，他所创作的油画有几百幅被人以高价买走。好心的他把那些钱全都用作奖学金，奖给那些攻读绘画艺术的学生。

罗斯福和威尔福莱·康都是工作繁忙的人，由于他们肯舍得花一小时来调节自己，他们由此造就了令人瞩目的奇迹。

20 世纪 70 年代末，日本的一个年轻人开了间小杂货店。按照当时人们的经营方式，杂货店一般在夜里 11 点就都关门了。一天夜里，年轻人忙着清理货架准备关门的时候，进来了几个买东西的人，年轻人接待了他们。当他们走后，年轻人又在店里多呆了一会儿，结果又来了几个买东西的人。后来，这个年轻人改变了经营时间，每天营业到 12 点才关门。由于他比其他杂货店营业延长一个小时，因此成了附近人们夜里购物的首选地点。一年过后，他的小杂货店扩大了，其营业总额达到了 2 亿日元。他趁机发展，生意越做越大。到 2002 年的时候，他公司的总营业收入达到了 1148 亿日元。这个成就大业的年轻人的名字就叫安田隆夫，日本赫赫有名的商人。

安田隆夫的成功只因为他每天多营业了一小时。奇迹的产生并不困难，就看你每天有没有多花时间来努力工作。那多花的一小时，就是造就辉煌的关键。

一个人，只要他每天都肯花一点时间来做有意义的事，不管那是否与工作有关，他都可以造就辉煌。时间不必太多，每天有一小时就足够了。

生命就是不停步

◎ 王国军

　　安德拉少年时家里非常穷，为了生活，他不得不经常翻越一座大山去舅舅家里借钱。

　　有一年，安德拉的家乡遭受了百年不遇的雪灾，他的房子被压垮了，为了活命，他们不得不举家搬迁到山的那边。半路上，他不小心掉队了，后来他得以与叔叔同行。

　　在暴风雪肆虐的环境下要穿越海拔 3 千米的大山是相当危险的事。冰冷的雪风像刀子一样刺割他们，更要命的是，地面已经结冰，很多人都不幸地滑下了悬崖。

　　安德拉小心地向前走着，他不敢看两边深不可测的崖底，在经过一段相当平坦的路面时，他看到很多人都围在一起休息。叔叔对他说："我们不能停下，趁着天色没黑，我们得赶紧穿过大山。"

　　安德拉继续向前走，为了不滑下去，他弄了根准备好的绳子，一头握在叔叔那头，一头握在他这头。穿过一座树林时，他看见一个小伙子倒在地上，已是奄奄一息了。安德拉不忍心丢下他，就用绳子把他捆在自己的身上，手脚并用地朝前爬。中午，安德拉给小伙子喂食了一块面包后，小伙子的体力逐渐恢复了，他问安德拉："到了吗？"安德拉回答："还没有，你再坚持一会。"短暂的休息后，安德拉搀扶着小伙子继续往前走。下午3点，小伙子又问："到了吗？"安德拉回答："还有一会。"接下来，小伙子每隔半个小时就问一次，虽然得到的是相同的答案，但他没有丝毫泄气。

　　到了下午6点，安德拉终于看到叔叔在下山的路口等着他们，这时，暴风雪已经明显弱了，他兴奋地告诉小伙子："到了。""终于到了！"小伙子大叫了一声，然后趴在了地上。安德拉以为他是在休息，后来才发现他早就没了呼吸。叔叔遗憾地告诉他："因为没了包袱，他的生命也像散沙一般走到了尽头。"

　　这件事对安德拉触动很大，在成立他的报业王国之后，他经常对员工说的一句话就是："人生中最怕的并不是死亡，而是怕没有包袱，因为只有包袱才会令你的生命不停步！"

生命的邮件

189

◎ 白岩松

儿子饱餐一顿后，安静地睡着了，那种照看新生儿的奇妙感觉充满我心。我知道，在我们彼此的生命历程中将相互温暖与扶持。

作为父亲，我不该两手空空迎接他的到来，但孩子那稚嫩的小手还举不起任何可称为礼物的东西。那就让我将住院当成礼物，投入生命的信箱，来一个慢件邮递。当他长大的时候，再好奇地拆封吧。

学会宽容

如果所有的美德可以自选，孩子，你就先把宽容挑出来吧。

也许平和与安静会很昂贵，不过，拥有宽容，你就可以奢侈的消费它们。宽容能松弛别人，也能抚慰自己，它会让你把爱放在首位，万不得已才动用恨的武器；宽容会使你随和，让你把一些人很看中的事情看的很轻；宽容还会使你不至于失眠，再大的不快，再激烈的冲突，都不会在宽容的心里过夜。于是，每个清晨，你都会在希望中醒来。一旦你拥有宽容的美德，你将一生收获笑容。

190

不争第一

人生不是竞技，不必把撞线当成最大的光荣。

当了第一的人也许是脆弱的，众人之上的滋味尝尽，如再有下落，感受的可能就是悲凉。于是，就将永远向前。可在生命的每个阶段，第一的诱惑总在眼前，于是生命会变成劳役。站在第一位置的人不一定是胜者，每一次第一总是一时的风光，却赌不来一世的顺畅。争第一的人，眼睛总是盯着对手，为了得到第一，也许很多不善良的手段都会派上用场。也许，每一个战役，你都赢了，但夜深人静，一个又一个伤口，会让自己触目惊心。何必把争来的第一当成生命的奖杯？我们每一个人，只不过是和自己赛跑的人，在那条长长的人生路上，追求更好强过最好。

爱上音乐

在我们的身边，什么都有可能背叛，可音乐不会。哪怕全世界的人都背过身去，音乐依然会和我窃窃私语。我曾问过一个哲人，为什么今天的人们还是需要一两百年前的音乐抚慰？哲人答，人性进化的很慢很慢。于是我知道，无论你向前走多远，那些久远的音符还是会和你的心灵很近。生命之路并不顺畅，坎坷和不快都会出现在你的眼前，但爱上音乐，我便放心。在你成长的时代，信息的高速发展将使人们的头脑中独自冥想的空间越来越小。然而，走进音乐的世界里，你会在和音乐的对话中学会独立，学会用自己的感受去激活生命。每当想到，今日在我脑海里回旋的那些乐章，也会在未来与你相伴，我就喜悦，为一种生命与心灵的接力。还有……

其实还有，比如说，来点幽默、健康，有很多真正的朋友……但我想，生命之路自己走过，再多的祝愿都是耳边的叮咛，该有的终将会有，该失去的也终会失去。然而，孩子，在父母的目光里，你的每一步都将是我们生命里最好的回忆。很久很久以后，也许你会为你未来的孩子写下祝愿的话语，只是不知，是否和我今日写下的相似？

生命中，最重要的是心灵路程，所以它和朝代的更迭无关。孩子，当将来你拆开这封今日寄出的邮件时，我还是希望，你能喜悦并接受。

生命的账单

◨ 佚 名

深夜，危重病人房里，癌症患者迎来了他生命中最后一分钟，死神如期来到他的身边。

隔着氧气罩，他含糊不清地对死神说："再给我一分钟，就一分钟，好吗？"

死神问："你要一分钟干什么？"

他说："我要用这一分钟，最后看看天，看看地，想想我的朋友和敌人，或者听一片树叶从枝上飘落到地上的那一声叹息，运气好的话，我也许还能看到一朵花儿由含苞到开放……"

死神说："你的想法不坏，但我不答应你。因为这一切，我都留了足够的时间给你，你却没有珍惜。在你的生命过程中，我从来没有见过你像今天这样珍惜这一分钟，珍惜任何一

个小时或一天。不信，你看一下我给你列的这份账单——

在你 60 年的生命中，你几乎有一半的时间在睡觉，这不怪你，这 30 年算我占了你的便宜。在这余下的 30 年中，你曾经叹息时间过得太慢，叹息的次数一共是 1 万次，平均每天 1 次，这其中包括少年时代在课堂上，青年时期在约会的长椅上，中年时期下班前和等待升迁的仕途上。在你的生命中你几乎每天都觉得时间太慢、太难熬，你也因此想出了许许多多消磨时间的办法，其明细账罗列如下：

打麻将，每天以 2 小时计，从青年到老年，你一共耗去了 6500 小时，折合成分钟是 39 万分钟。

喝酒，每天以 1 小时计，从青年到老年，也不低于打麻将的时间。

此外，同事之间的应酬，上班的时间狂侃甲 A 联赛以及各种臭电视剧，拿张报纸出神，吐烟圈，对着窗外看着女同事的大腿发呆，对张三说李四坏话，对李四说张三坏话，这又耗去你不低于打麻将和喝酒的时间。

除了这些，你还无数次叹息生命的无聊、空虚和寂寞。为此，你曾强拉邻居、同事和下属打麻将、打扑克，甚至强拉小孙子玩电子游戏。你还赶潮流学上网，网名温柔帅哥，每天用几小时泡在"聊天室"里和一大群真真假假的女人谈情说爱……

你还和人煲电话粥，没事上街闲逛，在马路上看人下棋，

一支招就是数小时。你还开了无数有较强催眠作用的会，这使得你的睡眠时间远远超出了 30 年。而且，你又主持了许多类似的会，使得更多的人睡眠和你一样超标，还有……"

死神还要继续往下念的时候，发现病人的生命之火已经熄灭。于是长叹一声："如果你活着时，能节约几分钟的话，你就可以听完我给你记下的账单了。真可惜，我辛苦了半天又白费了，世人怎么都是这样，总等不到念完生命的账单，就后悔得死了。"

生命如屋

◎ 张丽钧

生命中的每一天究竟该怎样度过？听到过两种截然相反的说法。一种说法认为：将生命中的每一天当作生命的第一天去过，带着最初看到这世界的新鲜与惊喜，让充满好奇的眼睛在寻常的天地间读出大美，让心在与万物的美好交流中感到无比的欣幸与满足；另一种说法却是：将生命中的每一天当作生命的最后一天去过，带着即将辞世的留恋与珍惜，及时兑现梦想，及时将生命中的"不如意"改写成"大如意"，宽宥他人感谢命运，在夕照里掬一捧纯粹的金色，镀亮心情。

我同样地喜欢着这两种说法。我愿意让自己热爱世界的心永葆"第一天"的新奇和敏感，也愿意让自己珍惜世界的心永远怀有"最后一天"的警醒和勇毅。

很久了，我一直不能忘怀那个叫乔治的人。这个不幸的建

筑师被命运亏待、捉弄——妻子离他而去，儿子被判给妻子后，沉溺于毒品不能自拔，并且和乔治关系疏远。乔治对自己做了20年的工作也极不满意，终于在气急之下和上司大吵一架，愤然辞职，冲出了办公室。这个乔治已经够倒霉了，但是，更倒霉的事情又出现了——他被告知得了癌症，仅剩下几个月的生命了。

潦倒的乔治，就像父亲留给他的那幢建在海边的破旧不堪、摇摇欲坠的旧房子。濒临死亡的生命，濒临倒塌的房屋，乔治的世界凄惨到了极点。但是，命运一次次地棒喝却将他打醒了，他下决心改变自己似乎再也难以改变的生活。倒计时的生命之钟在耳畔滴答作响。

乔治要在这人生的最后几个月里重活一回。

他决定将海边那幢破旧的房子按照自己多年来梦想的样子重新修葺。似乎直到这时，徒然浪费了几十载宝贵生命的乔治才恍然明了，自己这个建筑师原是可以为自己建造一幢美丽房舍的！他隐瞒了自己的病情，邀请儿子暑假来海边和自己一道修建房屋，而终日无所事事的妻子开始主动给这父子俩送饭，慢慢地，竟也加入了他们的行列。

海风吹拂，阳光强烈。父子俩在劳动中重建亲情，夫妻俩也在劳动中鸳梦重温。儿子摆脱了毒品的困扰，并得到了甜蜜的爱情。妻子对乔治有了全新的认识。房子建起来的时候，爱也成长起来……

这是美国电影《生命如屋》中的情节。这部影片，以"爱的重建"与"屋的重建"，给人以生命"第一天"和"最后一天"的强烈震撼和深刻启迪。不幸而又万幸的乔治，将人生之悟砌进了墙里。我相信，即使他命赴九泉，也会含笑忆及自己生命尾声中重获的那一次"浓缩版"的、有价值的生命——爱的体验，情的升华，咀嚼人生况味的晨昏，房屋矗立起来时强烈的成就感……

生命总在不觉间流逝。日子被日渐麻木的人过得旧了、更旧了。"第一天"和"最后一天"的提醒，其实是善爱者为自己和他人出的一道人生思考题。在这道思考题面前，愿倦怠麻痹或紧张忙碌的你能有片刻沉吟。问问自己，在激情燃烧过后，是否曾守着灰烬恹恹度日？在人生谢幕之前，是否曾锁着眉头打发时光？在"第一天"和"最后一天"之间，岁月那么漫长，漫长得让人误以为凋零只是远方别人的事。你愿不愿意随乔治一同醒来？像农夫一样劳作，赞美阳光，享受生命……

生命如屋，值得我们带上所有的热情与智慧去悉心建造。

太阳每天都不辞辛劳地升起

◻ （日本）池田大作

　　放弃自己该做的事，就是失败。人不能轻言放弃。太阳每天都升起；无论阴天雨天，不论冬天夏天，日复一日。这是宇宙的法则，是道理。

　　人生也要尽全力度过每一天，这是道理。能忍受得起这样反复的人，会获得最终的胜利。不论今天如何，人生的胜负是以一生来决定的。棒球也是打了九局才分胜负的，任何事的胜负不到最后谁也不清楚，不是一开始便决定的。英语当中也有这样的谚语："笑到最后的人笑得最好。"

　　因此，要在困苦中求前进。我以前曾经说过我在写《我的人生观》这本书时的事。

　　1970 年，创价学会正处于受攻击的风暴当中。我身患肺炎，发着三十八九度的高烧。但是在那段日子，无论如何，每

天不忘写稿。一边头上绑着冰袋，一边写下一张张稿子。

有人说："既然那么辛苦，为什么还要写呢？"

我回答说："写一张就有一张，写两张就有两张，不写就什么都没有。再少也要前进，不挑战不行。一天里总想要做些什么。"

写一张就记一划，写两张就再添一笔，用画"正"字来作记录。就这样直到完稿，那段日子令我难以忘怀。记录"正"字的纸已经交给我的长子，当作传家宝。

总之，就是要"不败、自强"。不要有依赖他人的恶习和推卸责任的卑怯、软弱想法，不要只会怨恨与羡慕别人。自己成为这样可悲的人，就像被云层遮蔽的太阳。

将一切烦恼当作成长的跳板，沉着忍耐，以"有朝一日"来勉励自己前进。默默地吃苦耐劳，在自己应走的轨道上前进。

你们都是"太阳"。自己本身就是"太阳"，首先要有这样的决心，就算目前有不少烦恼，只要自己是"太阳"，"早晨"一定会到来，"晴朗"的日子一定会到来，"春天"一定会到来。

生命的最佳状态

200

◙ 于 丹

　　凡是看重外物的人，内心一定笨拙。在我们今天的生活里，很多人越是面临重大的抉择，越会失手。他并不是输给了对手，而是输给了自己。当我们患得患失时，当我们心有所虑时，你所有的经验和技巧，都不可能得到最好的发挥。

　　孔子最喜欢的学生颜渊问孔子，说：我曾经渡过一个名字叫觞深的深渊，我在过它的时候看见了那个摆渡的人，他划船的技术太高明了，我看到他操舟若神，那条船完全在他的掌握之中，不管怎么样的波涛汹涌，他总能把船驾驭得如有神助一般。我就很羡慕地问他：划船是可以学会的吗？他回答说：可以。于是他又说了一个秘密：如果你要是会游泳的话，你学划船就特别容易；要是你会潜水的话，即使你从来没见过船，你起桨来也敢划船。请问老师，这是怎么一回事呢？

孔子说，一个真正会游泳的人就不怕水，所谓善游者忘水，一个非常善于游泳的人，水对于他来讲，就像行走在陆地上一样，所以，他可以忘记水，这样在他划船时候，他就不会害怕，因为即使船翻了，他的生命也有保障。为什么会潜水的人，没见过船都敢划呢？是因为会潜水的人，他可以把波浪看成是陆地上的小山丘，把深渊看成是前方的一个高岗，他把船翻了这件事看作是推车过岗的时候车翻了一样。所以，对他而言，船翻了没有什么了不起，他连水底都能够潜了，还会怕翻船吗？

孔子告诉学生，人如果有大见识，他再去学一件技巧，就容易得多；如果没有阅历，心中就会忐忑。

孔子甚至还给颜渊举了这样的一个例子：赌博的时候有下注大的，有下注小的。拿一个瓦片当赌注的人，他赌得自如潇洒，反正他赌的就是个瓦片；拿漂亮昂贵的带钩当赌注的人，他赌起来可能就战战兢兢，施展不开，心存恐惧了；拿黄金当赌注的人，一定会神志昏乱。

凡是看重外物的人，内心一定笨拙。在我们今天的生活里，很多人越是面临重大的抉择，越会失手。他并不是输给了对手，而是输给了自己。当我们患得患失时，当我们心有所虑时，你所有的经验和技巧，都不可能得到最好的发挥。

庄子在《达生》篇里，讲了一个木匠的故事：

鲁国有一个木匠叫梓庆，他的主要工作是做祭祀时候挂钟

的架子，并在上面雕饰猛兽。他把这件事做到了"见者惊为鬼神"，看见的人都惊讶无比，以为鬼斧神工。

这事传到了鲁侯的耳中，他召见了梓庆，想问一问他其中的奥秘。梓庆对鲁侯说：我准备做这个的时候，不敢损耗自己丝毫的力气，而要用心去斋戒。斋戒的目的，是为了"静心"。斋戒到第三天的时候，我就可以忘记"庆赏爵禄"了。斋戒到第五天的时候，我就可以忘记"非誉巧拙"了，也就是说，大家说我做得好也罢，做得不好也罢，我都已经不在乎了，也就是忘记名声了。到第七天，达到忘我之境。我可以忘记是在为朝廷做事了。大家知道，为朝廷做事心有惴惴，有了杂念，就做不好了。

这时，我就进山了。静下心来，寻找我要的木材，观察树木的质地，看到形态合适的，仿佛一个成型的就在眼前。我就把这个最合适的木材砍回来，顺手一加工，它就成为现在的样子了。

木匠斋戒七天，其实是穿越了三个阶段：忘记利益，不再想着用我的事情，去博取一个世间的大利；忘记名誉，不再想着大家的是非毁誉对我们有多么重要；忘记自己，人其实只有达到忘我之境，才可以做到最好。